机动车系列车型查验辅助手册

专用校车
查验辅助手册

公安部道路交通安全研究中心 编

人民交通出版社股份有限公司
北京

内 容 提 要

本书介绍了专用校车的车型分类,公安机关交通管理部门办理专用校车登记业务时需查验的项目,及其配套的查验要求、查验方法、合格判定要点、常见不合格情形、标准依据等内容。

本书可供公安机关交通管理部门机动车登记查验相关岗位人员学习使用。

图书在版编目(CIP)数据

专用校车查验辅助手册 / 公安部道路交通安全研究中心编. — 北京:人民交通出版社股份有限公司,2021.6

(机动车系列车型查验辅助手册)

ISBN 978-7-114-17394-3

Ⅰ.①专… Ⅱ.①公… Ⅲ.①校车—检测—手册 Ⅳ.①U469.6-62

中国版本图书馆CIP数据核字(2021)第110307号

机动车系列车型查验辅助手册

书　　名:	专用校车查验辅助手册
著 作 者:	公安部道路交通安全研究中心
责任编辑:	杨丽改
责任校对:	孙国靖　卢　弦
责任印制:	刘高彤
出版发行:	人民交通出版社股份有限公司
地　　址:	(100011)北京市朝阳区安定门外外馆斜街3号
网　　址:	http://www.ccpcl.com.cn
销售电话:	(010)59757973
总 经 销:	人民交通出版社股份有限公司发行部
经　　销:	各地新华书店
印　　刷:	北京印匠彩色印刷有限公司
开　　本:	880×1230　1/32
印　　张:	2.75
字　　数:	76千
版　　次:	2021年6月　第1版
印　　次:	2024年8月　第4次印刷
书　　号:	ISBN 978-7-114-17394-3
定　　价:	20.00元

(有印刷、装订质量问题的图书由本公司负责调换)

编 写 组

舒 强　张 洋[1]　王艺帆　曾祥凯
周文辉　唐翠翠　马明月　梁 元
汤 婷　赵光明

---

[1] 张洋就职于江苏省盐城市交通警察支队。

　　本手册中"专用校车"采用《机动车运行安全技术条件》（GB 7258—2017）定义，即设计和制造上专门用于运送3周岁以上学龄前幼儿或义务教育阶段学生的专用客车。

　　专用校车是接送接学生上、下学的主（重）要工具，具有乘员年龄低、安全性能要求高的特点，若存在安全隐患，极易引发交通事故，是车辆查验的重点车型。从近年全国专用校车注册登记违规情况看，部分专用校车存在车辆识别代号打刻不符合国家标准、座椅布置与照管人员座椅设置不符合要求等问题。为辅助广大机动车查验员快速掌握专用校车查验基础知识，提高查验工作效率，编写组以《机动车查验工作规程》（GA 801—2019）、《机动车运行安全技术条件》（GB 7258—2017）等标准为依据，吸收借鉴一线机动车查验员实践经验，总结提炼专用校车查验关键点，制作图文、汇集成册。

　　本手册各章节内容包括：依据《道路交通管理　机动车类型》(GA 802—2019)，简要介绍专用校车的主要车型分类，帮助机动车查验员了解专用校车的查验技术基础；依据《机动车查验工作规程》（GA 801—2019）和部分车管所查验工作经验，提炼总结出在办理注册登记业务时，专用校车需查验的20多项查验项目，以及整体查验流程，帮助机动车查验员掌握专用校车查验的总体要求。本手册针对每个查验项目，以图、文、表相结合的方式，讲解相关查验要求、查验方法、合格判定、常见不合格情形、标准依据等，帮助机动车查验员熟悉专用校车查验具体内容。

编 者

2021年5月

一 车型分类　1

二 查验项目　4

三 查验流程　10

四 查验内容　14

车型分类

专用校车指设计和制造上专门用于运送3周岁以上学龄前幼儿或义务教育阶段学生的专用客车。

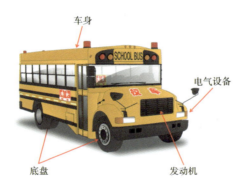

机动车查验时，机动车查验员应按《道路交通管理 机动车类型》（GA 802—2019）确定车辆类型，见下表。

载客汽车规格术语分类

载客汽车a	大型	车长大于或等于6000mm或者乘坐人数大于或等于20人的载客汽车
	中型	车长小于6000mm且乘坐人数为10~19人的载客汽车
	小型	车长小于6000mm且乘坐人数小于或等于9人的载客汽车，但不包括微型载客汽车
	微型	车长小于或等于3500mm且内燃机汽缸总排量小于或等于1000 mL（对纯电动汽车为驱动电机总峰值功率小于或等于15kW）的载客汽车

需要注意的是，对《道路机动车辆生产企业及产品公告》（以下简称《公告》）记载的乘坐人数为区间的国产载客汽车（包括以载运人员为主要目的的专用汽车），以《公告》上记载的乘坐人数上限确定其规格术语，乘坐人数包括驾驶人。

载客汽车结构术语分类

类 型	定 义
专用校车	设计和制造上专门用于运送3周岁以上学龄前幼儿或义务教育阶段学生的载客汽车

依据《专用校车安全技术条件》（GB 24407—2012），专用校车按车辆结构可划分为以下车型分类。

专用校车分类及基本特征

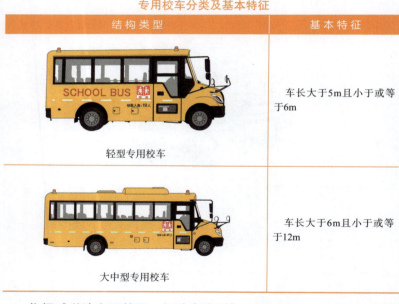

结构类型	基本特征
轻型专用校车	车长大于5m且小于或等于6m
大中型专用校车	车长大于6m且小于或等于12m

依据《道路交通管理 机动车类型》（GA 802—2019），按车辆使用性质，专用校车可以分为幼儿校车、小学生校车、中小学校车及初中生校车，如下表所示。

校车类型

分 类	说 明
运送幼儿（幼儿校车）	用于有组织地接送3周岁以上学龄前幼儿上下学的7座及7座以上载客汽车

一、车型分类

续上表

分　类	说　明
运送小学生 （小学生校车）	用于有组织地接送小学生上下学的7座及7座以上载客汽车
运送中小学生 （中小学生校车）	用于有组织地接送义务教育阶段学生（小学生和初中生）上下学的7座及7座以上载客汽车
运送初中生 （初中生校车）	用于有组织地接送初中生上下学的7座及7座以上载客汽车

二 查验项目

根据《机动车查验工作规程》(GA 801—2019),涉及专用校车查验的项目如下表所示。

涉及专用校车的查验项目

序号	项目名称	
1	车辆识别代号	
2	发动机 (驱动电机)号码	
3	车辆品牌/型号	
4	车身颜色	

二、查验项目

续上表

序号	项目名称	
5	核定载人数（学生/成人）	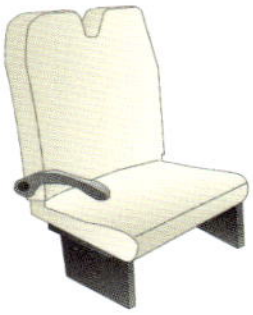
6	车辆类型	
7	号牌/车辆外观形状	
8	轮胎完好情况	
9	三角警告牌	
10	反光背心	

续上表

序号	项目名称	
11	校车标志灯	
12	停车指示标志	
13	车辆照片	
14	具有行驶记录功能的卫星定位装置	
15	应急出口/应急锤	
16	干粉灭火器	

二、查验项目

续上表

序号	项目名称	
17	急救箱	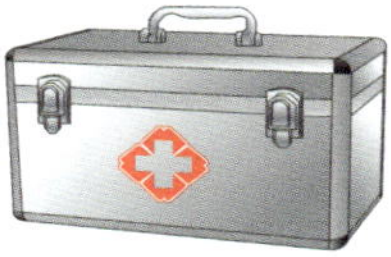
18	车身外观标识	
19	照管人员座位	
20	汽车安全带	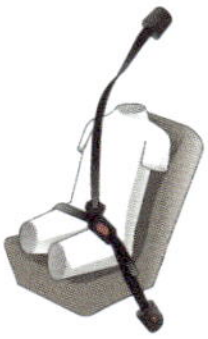
21	车内外录像监控系统	
22	辅助倒车装置	

续上表

序号	项目名称	
23	盘式制动器	
24	辅助制动装置	
25	发动机舱自动灭火装置	
26	防抱制动装置	
27	限速功能/限速装置	
28	安全技术检验合格证明	

二、查验项目

需要注意的是,根据《机动车查验工作规程(GA 801—2019)规定,办理校车使用许可相关业务查验机动车时,应按照《校车查验记录表》进行查验,并在备注栏中记录提交校车日期。

校车查验记录表

号牌号码(流水号或其他与车辆能对应的号码):
校车种类:□专用校车　　　□非专用校车

业务类型:□注册登记　□转入　□更换整车　□转移登记　□变更迁出
　　　　　□更换车身或者车架　□申请校车使用许可
　　　　　□非专用校车不再作为校车使用

类别	序号	查验项目	判定	类别	序号	查验项目	判定
通用项目	1	车辆识别代号		校车专用项目	16	车身外观标识	
	2	发动机(驱动电机)号码			17	照管人员座位	
	3	车辆品牌/型号			18	汽车安全带	
	4	车身颜色			19	车内外录像监控系统	
	5	核定载人数(学生/成人)	/		20	辅助倒车装置	
	6	车辆类型		其他	21	其他安全装置	
	7	号牌/车辆外观形状			22	新能源汽车特殊项目	
	8	轮胎完好情况			23	检验合格证明	
	9	三角警告牌、反光背心		查验结论:			
校车专用项目	10	校车标志灯					
	11	停车指示标志					
	12	具有行驶记录功能的卫星定位装置		查验员: 　　　年　月　日			
	13	应急出口/应急锤					
	14	干粉灭火器		复检合格	查验员: 　　　年　月　日		
	15	急救箱					
机动车照片 (专用校车变更迁出除外)				备注: 机动车所有人/申请人: 　　　年　月　日			

车辆识别代号(车架号)拓印膜,或打刻的车辆识别代号1:1还原照片(注册登记、转入、更换整车、转移登记、变更迁出、更换车身或者车架)

使用机动车查验智能终端拍摄的打刻的车辆识别代号照片

三 查验流程

机动车查验工作应坚持"严格、公正、规范、便民"原则,为提高查验工作质量和效率,避免查验项目缺项、漏项,确保查验员准确、高效完成机动车查验,各地总结了多种查验方法,以下以"由表及里"和"点、线、面"两种查验方法为例,介绍专用校车查验流程。各地可根据本地实际,创新更多查验工作法。

1 "由表及里"查验法

查验员首先查看相关资料,再寻找车辆识别代号、发动机(驱动电机)号码,对车辆唯一性进行查验;之后绕车一周,查验外部特征、装置;最后进入车内,核定载人数、查验安全装置,具体见下表。

专用校车查验步骤及查验内容

序号	步骤	内容
1	查看相关资料	查看相关资料:查看《机动车整车出厂合格证》(以下简称《合格证》)备案的相关信息;查看《合格证》与《公告》有关数据的一致性;查看实车外观与《公告》照片的一致性;查看机动车安全技术检验报告查看《合格证》《公告》等资料,确认车辆是否具有限速功能或限速装置

三、查验流程

续上表

序号	步骤	内　容
2	查验车辆外部	车辆唯一性、外部特征及安全装置：制作或核对机动车标准照片、车辆识别代号、发动机号码、车辆品牌和型号、确认车身颜色、号牌板（架）、车辆外观形状、轮胎完好情况、三角警告牌、反光背心、校车标志灯、停车指示标志、车身外观标识、辅助倒车装置、发动机舱灭火装置、盘式制动器等
3	查验车辆内部	车辆内部设置及安全装置：学生座椅（位）和照管人员座椅（位）、汽车安全带、具有行驶记录功能的卫星定位装置、应急出口和应急锤、干粉灭火器、急救箱、车内外录像监控系统、辅助制动装置、防抱制动装置等

❷ "点、线、面"查验法

"点、线、面"查验法指查验员在机动车查验过程中，按照顺时针的方向围绕被查验的车辆，在一个"面"内，对不同"线"上的多个"点"进行的车辆查验合格性确认过程。"点"是指具体的机动车查验项目；"线"是指多个机动车查验项目"点"连接形成的"线"；"面"是指查验员围绕机动车顺时针移动，随站位和视角变换形成的"面"。

"点、线、面"机动车查验方法及内容

步骤	方　位	项　目
1	车辆左前方	资料性审查： （1）查看《合格证》备案的相关信息； （2）查看《公告》与《合格证》有关数据的一致性； （3）查看实车外观与《公告》照片的一致性； （4）查看机动车安全技术检验报告； （5）查看《合格证》《公告》等技术资料，确认车辆是否具有限速功能或限速装置

— 11 —

续上表

步骤	方　位	项　目
2	车辆正前方	正前方查验： （1）校车标志灯； （2）间接视野装置； （3）风窗玻璃可见光透射比及完好情况； （4）车身外观标识； （5）商标、厂标； （6）外部照明灯具； （7）发动机舱灭火装置； （8）发动机号； （9）前号牌板架
3	车辆右前方	右前方查验： （1）右前轮轮胎完好情况； （2）盘式制动器； （3）乘客门应急控制器及文字说明； （4）车身外观标识
4	车辆内部 　　查验路线为乘客门、驾驶区（顺时针）、乘客区（从前到后，从上到下）	内部查验： （1）乘客门： ①产品标牌； ②照管人员座椅； （2）驾驶区： ①驾驶员座椅及安全带； ②干粉灭火器； ③乘客门应急控制器； ④防抱制动装置； ⑤辅助制动装置； ⑥具有行驶记录功能的卫星定位装置； ⑦急救箱； ⑧车内外监控装置。 （3）乘客区： ①座位及安全带； ②照管人员座位； ③顶部撤离舱口； ④应急窗及应急锤； ⑤应急门

三、查验流程

续上表

步骤	方　位	项　目
5	车辆右侧	右侧查验： （1）车辆识别代号； （2）车身外观标识； （3）右后轮轮胎完好情况
6	车辆正后方	正后方查验： （1）校车标志灯； （2）辅助倒车装置； （3）后风窗玻璃完好情况及可见光透射比； （4）应急门； （5）商标、厂标； （6）外部照明、灯具； （7）车身外部标识； （8）后号牌板
7	车辆左侧 （查验路线为从左后轮到左前轮）	左侧查验： （1）左后轮轮胎完好情况； （2）车辆外部标识； （3）停车指示标志； （4）左前轮轮胎完好情况； （5）盘式制动器

四、查验内容

1 车辆识别代号

1 查验要求

对办理注册登记、转移登记、转入、因质量问题更换整车、变更迁出、变更车身颜色、改变使用性质、更换车身或者车架、更换发动机、重新打刻车辆识别代号、重新打刻发动机号、申领、补领机动车登记证书、申请校车使用许可的专用校车，需查验车辆识别代号。

2 查验方法

核对机动车整车出厂合格证（以下简称"合格证"）、货物进口证明书（以下简称"进口凭证"）、机动车行驶证等凭证，以及车辆产品标牌；查验实车车辆识别代号打刻位置、字高、深度；确认有无明显凿改、打磨、挖补、垫片等处理痕迹。

办理机动车注册登记、转入、转移登记、变更迁出、更换车身或者车架、更换整车、申领机动车登记证书业务及重新打刻车辆识别代号变更备案时，应核对车辆识别代号拓印膜与实车打刻的车辆识别代号的字形、字体、间距的一致性；属于重新打刻车辆识别代号的，收存重新打刻的车辆识别代号拓印膜。

注册登记查验时，还应按车辆产品使用说明书（或其他经主管部门认可的技术资料，如车辆产品一致性证书）的标示确定打刻的

四、查验内容

车辆识别代号的位置是否符合规定,拍摄/制作打刻的车辆识别代号1∶1还原照片或1∶1还原的车辆识别代号拓印膜照片。

常用辅助查验工具有强光手电、清洗剂、螺丝刀、放大镜、伸缩自发光反光镜等,专业设备包括内窥镜、蛇管视频探测仪、探伤仪、ECU(OBD)读取仪等。

a) 强光手电　　　　　b) 伸缩自发光反光镜

c) 放大镜　　　　　　d) 内窥镜

e) ECU(OBD)读取仪　　f) 探伤仪

3 合格要点

要点一: 唯一性、一致性。

车辆具有唯一的车辆识别代号,其内容应与合格证或进口凭证、机动车驾驶证记载及整车产品标牌标明的信息一致。

同一辆车上标识的所有车辆识别代号内容应相同(包括电子控制单元记载的车辆识别代号)(注:2004年10月1日前出厂的改装汽车,可能有两个不同内容的车辆识别代号,此时应有一个车辆识别代号的内容与相关凭证相同)。

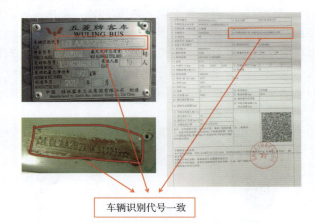

车辆识别代号一致

车辆识别代号拓印膜与实车打刻的车辆识别代号的字形、字体、间距一致。

要点二：防替换、防锈蚀。

车辆识别代号打刻在专用校车前部右侧的车辆结构件上，如受结构限制的也可打刻在右侧其他车辆结构件上。

应至少有一个车辆识别代号打刻在车架（无车架的为车身主要承载且不能拆卸的部件）能防止锈蚀、磨损的部位上。

注册登记时，车辆产品使用说明书（或其他经主管部门认可的技术资料，如车辆产品一致性证书）标示确定打刻的车辆识别代号的位置应符合规定。

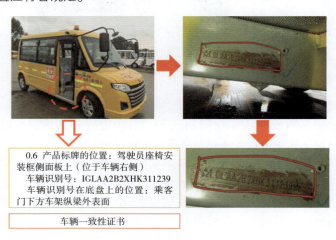

0.6 产品标牌的位置：驾驶员座椅安装框侧面板上（位于车辆右侧）
车辆识别号：IGLAA2B2XHK311239
车辆识别号在底盘上的位置：乘客门下方车架纵梁外表面

车辆一致性证书

要点三： 无篡改、无覆盖。

打刻车辆识别代号部件不应采用打磨、挖补、垫片、凿改、重新涂漆（为保护打刻的车辆识别代号而采取涂漆工艺的情形除外）等处理。

打刻的车辆识别代号从上（前）方观察时打刻区域周边足够大面积的表面不应有任何覆盖物；如有覆盖物，覆盖物表面应明确标示"车辆识别代号"或"VIN"字样，且覆盖物在不使用任何专用工具能直接取下（或揭开）及复原。

要点四： 易拓印（观察）。

打刻的车辆识别代号从上（前）方应易于拓印（2018年1月1日起出厂的汽车和挂车，还应易观察、能拍照）。

要点五： 尺寸达标。

字母、数字字高应大于或等于7.0mm、深度应大于或等于0.3mm，总长度应小于或等于200mm，字母、数字字体和大小相同（打刻在不同部位的车辆识别代号除外）；两端有起止标记的，起止标记与字母、数字的间距应紧密、均匀。

要点六： 构成合规。

车辆识别代号年份、检验位等内容和构成应符合《道路车辆 车辆识别代号（VIN）》（GB 16735—2019）规定（注：车辆识别代号第10位为年份位，可以为制造车辆历法年份或车辆制造厂决定车型年份。年份位不能为数字0和字母I、O、Q、U、Z。）

要点七： 变更合规。

车辆识别代号打刻后不应更改、变动，但按GB 16735规定重新标示或变更的除外。

4 常见不合格情形

查验车辆识别代号的常见不合格情形包括平台打磨，打磨后重新打刻，打刻在易于拆卸部件，有两组不同的车辆识别代号，打刻深度不够、无法清晰拓印，受损和腐蚀等情形。如下图所示：

a) 平台打磨

b) 打磨后重新打刻

c) 打刻在易于拆卸部件

d) 有两组不同的车辆识别代号

e) 打刻深度不够，无法清晰拓印

f) 受损腐蚀

5 标准依据

涉及车辆识别代号查验的标准依据见下表。

四、查验内容

涉及车辆识别代号查验的标准

名　　称	章节	条　　款
《机动车查验工作规程》（GA 801—2019）	4.1.1 a）	对申请注册登记的机动车，应查验车辆识别代号（或整车出厂编号）
	5.11	查验车辆识别代号时，应实车查看车辆识别代号的字母和数字，核对是否与机动车整车出厂合格证明、货物进口证明书、机动车行驶证等凭证或者机动车登记信息一致，确认车辆识别代号有无被凿改等嫌疑；对2018年1月1日起出厂的总质量大于或等于12000kg的栏板式、仓栅式、自卸式、罐式货车及总质量大于或等于10000kg的栏板式、仓栅式、自卸式、罐式挂车，还应查验其货箱或常压罐体上是否按规定打刻了车辆识别代号。办理机动车注册登记、转入、转移登记、变更迁出、更换车身或者车架、更换整车、申领机动车登记证书业务及重新打刻车辆识别代号变更备案时，应核对车辆识别代号拓印膜与实车打刻的车辆识别代号的字体、间距（或拍摄/制作打刻的车辆识别代号1∶1还原照片），使用机动车查验智能终端拍摄打刻的车辆识别代号照片；属于重新打刻车辆识别代号的，收存重新打刻的车辆识别代号拓印膜。注册登记查验时，还应按车辆产品使用说明书（或其他经主管部门认可的技术资料，如车辆产品一致性证书）的标示确定打刻的车辆识别代号的位置是否符合规定，使用机动车查验智能终端对货箱或常压罐体上打刻的车辆识别代号进行拍照
	附录A 表A.1.1	汽车、摩托车、半挂车、2012年9月1日起出厂的中置轴挂车和2014年9月1日起出厂的牵引杆挂车应具有唯一的车辆识别代号，且应至少有一个车辆识别代号打刻在车架（无车架的机动车为车身主要承载且不能拆卸的部件）能防止锈蚀、磨损的部位上，2013年3月1日起出厂的乘用车和总质量小于或等于3500kg的货车（低速汽车除外）还应在靠近风窗玻璃立柱的位置设置能永久保持的、从车外能清晰识读的车辆识别代号标识；轮式专用机械车应在右侧前部的车辆结构件上打刻产品识别代码（或车辆识别代号），如受结构限制也可打刻在右侧其他车辆结构件上；其他机动车应打刻整车型号和出厂编号，型号在前，出厂编号在后，出厂编号两端应打刻起止标记。2019年1月1日起出厂的，总质量大于或等于12000kg的货车、货车底盘改装的专项作业车及所有牵引杆挂车，车辆识别代号应打刻在右前轮纵向中心线前端纵梁外侧，如受结构限制也可打刻在右前轮纵向中心线附近纵梁外侧；半挂车和中置轴挂车（无纵梁的除外）的车辆识别代号应打刻在右前支腿前端纵梁外侧。

续上表

名 称	章节	条 款
《机动车查验工作规程》（GA 801—2019）	附录A 表A.1.1	打刻车辆识别代号（或产品识别代码、整车型号和出厂编号）的部件不应有明显的采用打磨、挖补、垫片、凿改、重新涂漆（为保护打刻的车辆识别代号而采取涂漆工艺的情形除外）等方式处理的痕迹；打刻的车辆识别代号应易见且易于拓印，其内容应与相关凭证（机动车整车出厂合格证明、《货物进口证明书》或《机动车行驶证》）记载及整车产品标牌标明的车辆识别代号内容一致，并且不应有明显的更改、变动、凿改、挖补、打磨痕迹或垫片、擅自另外打刻等痕迹；对2018年1月1日起出厂的汽车和挂车，还应能拍照；对摩托车，打刻的车辆识别代号在不举升车辆的情形下可观察、拓印的，应视为满足要求。2014年9月1日起出厂的汽车、摩托车、半挂车和中置轴挂车，打刻的车辆识别代号从上（前）方观察时打刻区域周边足够大面积的表面不应有任何覆盖物；如有覆盖物，覆盖物的表面应明确标示"车辆识别代号"或"VIN"字样，且覆盖物在不使用任何专用工具的情况下能直接取下（或揭开）及复原。 2018年1月1日起出厂的总质量大于或等于12000kg 的栏板式、仓栅式、自卸式、罐式货车及总质量大于或等于10000kg 的栏板式、仓栅式、自卸式、罐式挂车，还应在其货箱或常压罐体（或固定在货箱或常压罐体上且用于与车架连接的结构件）上打刻至少两个车辆识别代号；打刻的车辆识别代号应位于货箱（常压罐体）左、右两侧或前端面且易于拍照；且若打刻在货箱（常压罐体）左、右两侧时距货箱（常压罐体）前端面的距离应小于或等于1000mm，若打刻在左、右两侧连接结构件时应尽量靠近货箱（常压罐体）前端面。 车辆识别代号的年份位、检验位等内容和构成应符合GB 16735的规定；其中，字母仅能采用大写的罗马字母，但I、O及Q不能使用；数字仅能采用阿拉伯数字0至9；车辆识别代号的第10位为年份位，可为制造车辆的历法年份或车辆制造厂决定的车型年份，但数字0和字母I、O、Q、U、Z不能使用。同一辆车上不允许既打刻车辆识别代号，又打刻整车型号和出厂编号。同一辆车上标识的所有车辆识别代号（包括电子控制单元记载的车辆识别代号）内容应相同。车辆识别代号（或产品识别代码、整车型号和出厂编号）一经打刻不应更改、变动，但按GB 16735的规定重新标示或变更的除外。2004年10月1日前出厂的改装汽车，可能有两个不同内容的车辆识别代号，此时应有一个车辆识别代号的内容与相关凭证相同。注册登记查验时，发现打刻的车辆识别代号及其附近可视区域存在局部打磨、涂漆等加工处理痕迹时，若上述痕迹不足以影响管理部门对车辆识别代号的识别和认定，不应简单认定为不符合GB 7258国家标准的要求。

四、查验内容

续上表

名　　称	章节	条　款
《机动车查验工作规程》（GA 801—2019）	附录A 表A.1.1	在用车因腐蚀、交通事故等原因造成打刻的车辆识别代号无法确认需重新打刻的，应按照原号码打刻新的车辆识别代号，且在打刻时不应把原始号码打磨掉；在用车更换车身或车架的，更换的车身或车架上应按规定打刻原车辆识别代号的号码。重新打刻的车辆识别代号的打刻位置，宜尽可能符合GB 7258—2017的4.1.3的规定
《机动车运行安全技术条件》（GB 7258—2017）	4.1.3	汽车、摩托车、挂车应具有唯一的车辆识别代号，其内容和构成应符合GB 16735的规定；至少有一个车辆识别代号打刻在车架（无车架的机动车为车身主要承载且不能拆卸的部件）能防止锈蚀、磨损的部位上。 乘用车的车辆识别代号应打刻在发动机舱内能防止替换的车辆结构件上，或打刻在车门立柱上，如受结构限制没有打刻空间时也可打刻在右侧除行李舱外的车辆其他结构件上；对总质量大于或等于12000kg的货车、货车底盘改装的专项作业车及所有牵引杆挂车，车辆识别代号应打刻在右前轮纵向中心线前端纵梁外侧，如受结构限制也可打刻在右前轮纵向附近纵梁外侧；对半挂车和中置轴挂车，车辆识别代号应打刻在右前支腿前端纵梁外侧（无纵梁的除外）；其他汽车和无纵梁挂车的车辆识别代号、轮式专用机械车的产品识别代码（或车辆识别代号）应打刻在右侧前部的车辆结构件上，如受结构限制也可打刻在右侧其他车辆结构件上。其他机动车（摩托车除外）应在相应的易见位置打刻整车型号和出厂编号，型号在前，出厂编号在后，在出厂编号的两端应打刻起止标记。 打刻车辆识别代号（或产品识别代码、整车型号和出厂编号）的部件不应采用打磨、挖补、垫片、凿改、重新涂漆（设计和制造上为保护打刻的车辆识别代号而采取涂漆工艺的情形除外）等方式处理，从上（前）方观察时打刻区域周边足够大面积的表面不应有任何覆盖物；如有覆盖物，该覆盖物的表面应明确标示"车辆识别代号"或"VIN"字样，且覆盖物在不使用任何专用工具的情况下能直接取下（或揭开）及复原，以方便地观察到足够大的包括打刻区域的表面。 打刻的车辆识别代号（或产品识别代码、整车型号和出厂编号）从上（前）方应易于观察、拓印；对于汽车和挂车还应能拍照。打刻的车辆识别代号的字母和数字的字高应大于或等于7.0mm、深度应大于或等于0.3mm（乘用车及总质量小于或等于3500kg的封闭式货车深度应大于或等于0.2 mm），但摩托车字高应大于或等于5.0mm、深度应大于或等于0.2mm。打刻的整车型号和出厂编号字高应为10.0 mm，深度应大于或等于0.3mm。打刻的车辆识别代号（或产品识别代码、整车型号和出厂编号）总长度应小于或等于200 mm，字母和数字的字体和大小应相同（打刻在不同部位的车辆识别代号除外）；打刻的车辆识别代号两端有起止标记的，起止标记与字母、数字的间距应紧密、均匀。

续上表

名　　称	章节	条　　款
《机动车运行安全技术条件》（GB 7258—2017）	4.1.3	车辆识别代号（或产品识别代码、整车型号和出厂编号）一经打刻不应更改、变动，但按GB 16735的规定重新标示或变更的除外。同一辆机动车的车架（无车架的机动车为车身主要承载且不能拆卸的部件）上，不应既打刻车辆识别代号（或产品识别代码），又打刻整车型号和出厂编号。同一辆车上标识的所有车辆识别代号内容应相同。 注1：打刻区域周边足够大面积的表面（足够大的包括打刻区域的表面）是指打刻车辆识别代号的部件的全部表面；但所暴露表面能满足查看打刻车辆识别代号的部件有无挖补、重新焊接、粘贴等痕迹的需要时，也应视为满足要求。 注2：对摩托车，打刻的车辆识别代号在不举升车辆的情形下可观察、拓印的，视为满足要求
	4.1.5	对具有电子控制单元（ECU）的汽车，其至少有一个ECU应记载有车辆识别代号等特征信息，且记载的特征信息不应被篡改并能被市场上可获取的工具读取
	4.1.10	对机动车进行改装或修理时，不应对车辆识别代号（或整车型号和出厂编号）、发动机型号和出厂编号、零部件编号、产品标牌、发动机标识等整车标志进行遮盖（遮挡）、打磨、挖补、垫片等处理及凿孔、钻孔等破坏性操作，也不应破坏或未经授权修改电子控制单元（ECU）等记载的车辆识别代号

6 知识点拓展

车辆识别代号的内容和构成要符合《道路车辆　车辆识别代号（VIN）》（GB 16735—2019）的规定，如下所示。

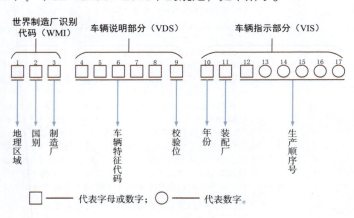

四、查验内容

车辆识别代号的内容及含义见以下各表格。

车辆识别代号解析

VIN位数	WMI位数	代码说明
1	1	地理区域代码,如非洲、亚洲、欧洲、大洋洲、北美洲和南美洲
2	2	国家代号
3	3	制造厂代码,由各国的授权机构负责分配

VIN位数	VDS位数	代码说明
4	1	描述车型特征,其代码及顺序由车辆制造厂决定。车型特征描述可包括: ①车辆类型; ②车辆结构特征(如:车身类型、驾驶室类型、货厢类型、驱动类型、轴数及布置方式等); ③装置特征(如:约束系统类型、发动机特征、变速器类型、悬架类型、制动形式等); ④车辆技术特性参数(如:车辆最大总质量、车辆长度、轴距、座位数等)
5	2	
6	3	
7	4	
8	5	
9	6	校验位,可为"0-9"中任一数字或字母"X",用以核对车辆识别代号记录的准确性

VIN位数	VIS位数	代码说明
10	1	车型年份
11	2	装配厂。0代表原厂装配
12~17	3~8	生产顺序号。一般情况下,车辆制造厂进行车辆召回时,都是针对某一顺序号范围内的车辆,即某一批次的车辆

车辆识别代号年份代码表

年份	代码	年份	代码	年份	代码	年份	代码
2001	1	2011	B	2021	M	2031	1
2002	2	2012	C	2022	N	2032	2
2003	3	2013	D	2023	P	2033	3
2004	4	2014	E	2024	R	2034	4
2005	5	2015	F	2025	S	2035	5
2006	6	2016	G	2026	T	2036	6
2007	7	2017	H	2027	V	2037	7
2008	8	2018	J	2028	W	2038	8
2009	9	2019	K	2029	X	2039	9
2010	A	2020	L	2030	Y	2040	A

❷ 发动机（驱动电机）号码

1 查验要求

对于申请办理注册登记、转移登记、更换车身或者车架、更换发动机、因质量问题更换整车、转入、变更迁出、重新打刻车辆识别代号、重新打刻发动机号码的专用校车，需查验发动机（驱动电机）号码［包括发动机（驱动电机）型号和出厂编号］。

2 查验方法

查看实车发动机（驱动电机）号码，核对是否与机动车整车出厂合格证明、货物进口证明书或机动车行驶证等凭证一致，确认发动机号码有无被凿改等嫌疑。

如打刻（或铸出）的发动机型号和出厂编号不易见，只查看发动机易见部位或覆盖件上能永久保持的标有发动机型号和出厂编号的标识。

3 合格要点

要点一：一致性。

相关凭证上记载的"发动机型号和出厂编号"应与发动机标识上标明的发动机型号和出厂编号（或发动机缸体上打刻或铸出的、易见的发动机型号和出厂编号）及整车产品标牌上标明的发动机型号一致。

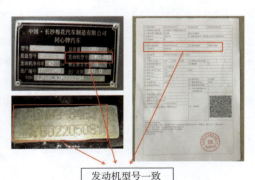

发动机型号一致

要点二： 无篡改。

无明显的凿改、挖补、打磨痕迹或擅自另外打刻等异常情形。

要点三： 永久保持，且易见。

发动机型号和出厂编号应打刻（或铸出）在汽缸体上且应能永久保持。如打刻（或铸出）的发动机型号和出厂编号不易见，应在发动机易见部位增加能永久保持的发动机型号和出厂编号的标识。但2004年10月1日前出厂的机动车打刻的发动机型号和出厂编号不易见时，发动机的易见部位不一定有发动机标识。

对2013年3月1日起出厂的纯电动汽车、插电式混合动力汽车、燃料电池汽车，检查主驱动电机壳体上打刻的电动机型号和编号；除轮边电机、轮毂电机外的其他驱动电机，如打刻的电动机型号和编号被覆盖，应留出观察口，在覆盖件上增加永久保持的电机型号和编号标识。

4 常见不合格情形

发动机（驱动电机）号码查验的常见不合格情形包括平台打磨等，如下图所示。

a) 使用发动机号码垫片

b) 发动机号码平台打磨

5 标准依据

涉及发动机（驱动电机）号码查验的标准依据见下表。

涉及发动机（驱动电机）号码查验的标准

名　称	章节	条　款
《机动车查验工作规程》（GA 801—2019）	4.1.1 a)	对申请注册登记的机动车，应查验发动机（驱动电机）号码［包括发动机（驱动电机）型号和出厂编号］
	5.12	注册登记查验发动机（驱动电机，下同）号码时，应实车查看打刻（或铸出）的发动机型号和出厂编号，核对是否与机动车整车出厂合格证明、货物进口证明书等凭证一致，确认发动机号码有无被凿改等嫌疑；如打刻（或铸出）的发动机型号和出厂编号不易见，只查看发动机易见部位或覆盖件上能永久保持的标有发动机型号和出厂编号的标识。因更换发动机申请变更登记的，查验安全技术检验合格证明上记载的发动机型号和出厂编号是否符合规定，在《机动车查验记录表》上记录相关信息；对更换发动机时不属于打刻原发动机号码的，在《机动车查验记录表》的备注栏内记录新的发动机型号和出厂编号。非注册登记查验时，查验发动机标识记载的内容或可见的发动机号码是否与登记信息一致；发现更换了发动机的，按照规定予以变更登记；发现登记错误的，按照规定予以档案更正；对发动机标识缺失或发动机标识的内容与打刻（或铸出）的发动机型号和出厂编号不一致的，确认、排除嫌疑并记录相关信息后予以办理；对2004年4月30日前注册登记的机动车，有疑问的应核对发动机出厂编号拓印膜
	附录A表A.1.2	发动机型号和出厂编号应打刻（或铸出）在汽缸体上且应能永久保持；打刻的发动机出厂编号不应有明显的凿改、挖补、打磨痕迹或擅自另外打刻等异常情形。若打刻（或铸出）的发动机型号和出厂编号不易见，则应在发动机易见部位增加能永久保持的发动机型号和出厂编号的标识。2013年3月1日起出厂的纯电动汽车、插电式混合动力汽车、燃料电池汽车和电动摩托车，应在驱动电机壳体上打刻电机型号和编号；除轮边电机、轮毂电机外的其他驱动电机，如打刻的电机型号和编号被覆盖，应留出观察口或在覆盖件上增加永久保持的电机型号和编号标识，留出的观察口原则上应便于从上（前）方观察，但若确实受结构所限制，观察口也可位于下方。 注册登记查验时，相关凭证上记载的"发动机型号和出厂编号"应与发动机标识上标明的发动机型号和出厂编号（或发动机缸体上打刻或铸出的、易见的发动机型号和出厂编号）及整车产品标牌上标明的发动机型号一致。 在用车查验时，已采集发动机标识（或可见的发动机号码）电子照片的，实车的发动机标识（或可见的发动机号码）与电子照片一致的，视为合格。

四、查验内容

续上表

名　　称	章节	条　　款
《机动车查验工作规程》（GA 801—2019）	附录A 表A.1.2	在用车更换发动机的，更换的发动机型号应与登记的发动机型号一致，但对国产车也可以为《公告》对应车型许可选装的其他发动机型号；其他情况下，实车的发动机标识缺失的，确认无私自更换发动机情形的，记录相关信息后视为合格。 注：2004年10月1日前出厂的机动车打刻的发动机型号和出厂编号不易见时，其发动机的易见部位不一定有发动机标识
《机动车运行安全技术条件》（GB 7258—2017）	4.1.4	发动机型号和出厂编号应打刻（或铸出）在汽缸体上且应能永久保持，在出厂编号的两端应打刻起止标记（没有打刻起止标记的空间时不打刻）；摩托车应在发动机的易见部位铸出商标或厂标，发动机出厂编号应打刻在曲轴箱易见部位，在出厂编号的两端应打刻起止标记（没有打刻起止标记的空间时不打刻）；如打刻（或铸出）的发动机型号和出厂编号不易见，则应在发动机易见部位增加能永久保持的发动机型号和出厂编号的标识。 纯电动汽车、插电式混合动力汽车、燃料电池汽车和电动摩托车应在驱动电机壳体上打刻电机型号和编号。对除轮边电机、轮毂电机外的其他驱动电机，如打刻的电机型号和编号被覆盖，应留出观察口，或在覆盖件上增加能永久保持的电机型号和编号的标识；增加的标识应易见，且非经破坏性操作不能被完整取下
	4.1.10	对机动车进行改装或修理时，不应对车辆识别代号（或整车型号和出厂编号）、发动机型号和出厂编号、零部件编号、产品标牌、发动机标识等整车标志进行遮盖（遮挡）、打磨、挖补、垫片等处理及凿孔、钻孔等破坏性操作，也不应破坏或未经授权修改电子控制单元（ECU）等记载的车辆识别代号

3 车辆品牌／型号

1 查验要求

对于申请办理注册登记、因质量问题更换整车的机动车，需查验车辆品牌和型号。

2 查验方法

查看机动车整车出厂合格证明（对国产机动车）、进口车辆中英文对照表（对进口机动车）等凭证和技术资料上记载的"车辆品牌"和"车辆型号"与整车产品标牌上标明的车辆品牌、型号是否相符。

3 合格要点

机动车整车出厂合格证明（对国产机动车）、进口车辆中英文对照表（对进口机动车）等凭证和技术资料上记载的"车辆品牌"和"车辆型号"与整车产品标牌上标明的车辆品牌、型号相符。

合格证　　　　　　　　　整车产品标牌

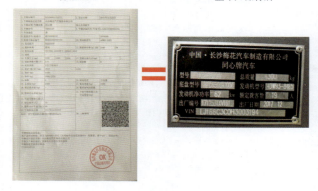

4 标准依据

涉及车辆品牌/型号查验的标准依据见下表。

涉及车辆品牌/型号查验的标准

名　　称	章节	条　　款
《机动车查验工作规程》（GA 801—2019）	4.1.1 a）	对申请注册登记的机动车，应核对机动车车辆品牌和型号
	附录A 表A.1.3	注册登记查验时，机动车整车出厂合格证明（对国产机动车）、进口车辆中英文对照表（对进口机动车）等凭证和技术资料上记载的"车辆品牌"和"车辆型号"与整车产品标牌上标明的车辆品牌、型号应相符。 对进口车辆中英文对照表未列入车辆品牌/型号的进口机动车，可参照进口机动车辆随车检验单证及其他经主管部门认可的技术资料（如：车辆产品一致性证书），确认车辆品牌/型号的符合性

四、查验内容

续上表

名　　称	章节	条　　款
《机动车运行安全技术条件》（GB 7258—2017）	4.1.1	机动车在车身前部外表面的易见部位上应至少装置一个能永久保持的、与车辆品牌相适应的商标或厂标
	4.1.2	机动车应至少装置一个能永久保持的产品标牌，该标牌的固定、位置及形式应符合GB/T 18411的规定；产品标牌如采用标签标示，则标签应符合GB/T 25978规定的标签一般性能、防篡改性能及防伪性能要求。改装车应同时具有改装后的整车产品标牌及改装前的整车（或底盘）产品标牌

4 车辆照片

1 查验要求

对于申请注册登记、转移登记、因质量问题更换整车、转入和变更迁出的机动车，需核对机动车标准照片；对于因变更车身颜色、改变使用性质、更换车身或者车架申请变更登记的机动车，也需核对变更后的机动车标准照片。

2 查验方法

对于注册登记、转移登记、因质量问题更换整车、转入和变更迁出的，核对机动车彩色标准照片与实车外观特征、《公告》照片是否一致；或使用查验智能终端（PDA）采集制作符合标准的照片。

3 合格要点

要点一： 机动车彩色照片应当从车前方左侧45°拍摄。

要点二： 照片中机动车影像应占照片的2/3，能够清晰辨认车身颜色及外观特征，照片长度为88mm±0.5mm，宽度为60mm±0.5mm，圆角半径为4mm±0.1mm。

4 常见不合格情形

（1）无法清晰辨别车辆前后商标（厂标）和车型文字标识；
（2）拍摄角度不符合要求，无法看全车前（后）面和侧面；
（3）车辆影像占比不足照片的2/3；
（4）照片光线过暗或过强，无法看清车辆特征；
（5）车辆被其他遮挡物遮挡。

注意： 新车出厂随车照片不符合要求情形较多，如未随车配发机动车外部彩色相片，不符合《关于进一步加强道路机动车生产一致性监督管理和注册登记工作的通知》（工信部联产业〔2010〕453号）的规定。

5 标准依据

涉及车辆照片查验的标准依据见下表。

涉及车辆照片查验的标准

名 称	章节	条 款
《机动车查验工作规程》（GA 801—2019）	4.1.1a）	对申请注册登记的机动车，应核对机动车标准照片

四、查验内容

续上表

名　　称	章节	条　　款
《机动车行驶证》（GA 37—2008）	5.1.5.2	机动车外部彩色相片的规格为：长度88mm±0.5mm，宽度60mm±0.5mm，圆角半径为4mm±0.1mm。拍摄汽车相片时，应当从车前方左侧45°角拍摄，拍摄摩托车和挂车相片时，应当从车后方左侧45°角拍摄；机动车拍摄相片时，不悬挂机动车号牌，但已注册登记的机动车需要重新制作行驶证、拍摄相片时，可以悬挂机动车号牌。机动车影像应占相片的三分之二；机动车相片应当能够清晰辨认车身颜色及外观特征
《关于进一步加强道路机动车辆生产一致性监督管理和注册登记工作的通知》（工信部联产业〔2010〕453号）	—	车辆生产企业要规范整车出厂合格证式样。自2011年1月1日起，汽车（不含三轮汽车和低速货车）、半挂车产品出厂配发整车出厂合格证时要随车同时配发实车车辆识别代号的拓印膜（2份）、实车拍摄的机动车外部彩色相片（2张，拓印膜和相片的样本附后）

5 车身颜色、车身外观标识

1 查验要求

对办理注册登记、转移登记、更换车身或者车架、因质量问题更换整车、转入、变更迁出、重新打刻车辆识别代号、申领、补领机动车登记证书的专用校车，需确定车身颜色。

对办理注册登记、转移登记、因质量问题更换整车、转入、变更迁出、申请校车使用许可业务的专用校车，需查验车身外观标识。

2 查验方法

实车查看专用校车车身颜色、车身外观标识是否符合要求。

3 合格要点

要点一： 专用校车通体底色为黄色。
要点二：

（1）校车标志：颜色为红色和白色，其中中文字符"校车"为红色。7m及以上长度的校车采用规格为460mm×460mm的校车标志。其中中文字符"校车"字体为华文琥珀，字符"校"和"车"高为90mm，宽为102mm。

7m以下长度的校车采用规格为380mm×380mm的校车标志。校车标志位于车身两侧前部1/4~1/3处。7m及以上长度校车的校车标志涂装粘贴位置见下图。

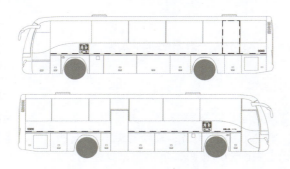

（2）中文字符"校车"：颜色为红色白边，字体为华文琥珀，字符"校"和"车"高为300mm，宽为300mm，白边宽为12mm，式样见下图。

中文字符"校车"位于车身前风窗玻璃下空白处中央，字符间距不大于校车宽度的2/5，式样见下图。中文字符"校车"的大小和间距可根据车身尺寸和部件进行调整。

四、查验内容

（3）核载人数：××人：中文字符"核载人数：××人"字体为黑体，字高为75mm，颜色为黑色。中文字符"核载人数：××人"位于车身右侧校车标志右下方。

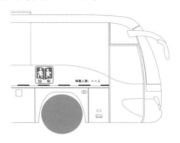

（4）校车编号：4位数字字符，颜色为黑色，字体为Arial，字高为100mm，校车编号有两组，位于车身两侧最后部。

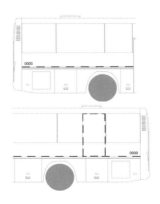

（5）校车轮廓标识：校车轮廓标识高度为50mm，长度为300mm，间隔不大于300mm。校车轮廓标识颜色为荧光黄绿色。校车轮廓标识贯通车身侧围中部、后围中部和应急门轮廓。

4 标准依据

涉及车身颜色、车身外观标识的标准依据见下表。

涉及车身颜色、车身外观标识的标准

名　称	章节	条　款
《机动车查验工作规程》（GA 801—2019）	4.1.1	对申请注册登记的机动车，确定车身颜色
	4.1.2 1）	对专用校车，查验车身外观标识、校车标志灯和停车指示标志（停车指示牌）、具有行驶记录功能的卫星定位装置、干粉灭火器、急救箱和车内外录像监控系统、辅助倒车装置、学生座椅（位）和照管人员座椅（位）、汽车安全带、应急出口和应急锤（逃生锤）
	附录A 表A.1.23	校车应按照GB 24407—2012及其他相关规定配备校车标志灯、停车指示标志，配备具有行驶记录功能的卫星定位装置、应急锤、干粉灭火器、急救箱等安全设备，设置照管人员座椅（座位）。 专用校车应喷涂粘贴符合GB 24315规定的专用校车车身外观标识，每一个座椅（包括驾驶人座椅、照管人员座椅和学生座椅）均应安装汽车安全带，照管人员座椅的数量和位置应符合GB 24407—2012的5.10.5.1.2.1规定，每一个照管人员座椅均应有明显标识。2013年5月1日起出厂的所有专用校车，还应安装车内外录像监控系统和辅助倒车装置。 非专用校车如喷涂粘贴有专用校车车身外观标识，车身外观标识应符合GB 24315关于专用校车车身外观标识的规定，每一个学生座椅应安装汽车安全带

续上表

名　称	章节	条　款
《专用校车安全技术条件》(ＧＢ 24407—2012)	5.1.1	专用校车应喷涂符合GB 24315要求的专用校车外观标识

❻ 核定载人数

1 查验要求

对办理注册登记、转移登记、因质量问题更换整车、转入、变更迁出的专用校车，查验核定载人数。

2 查验方法

学生座椅：

长条座椅（指坐垫靠背均为条形的供两人或多人乘坐的座椅）作为学生座位使用时，对幼儿专用校车按每330mm核定1人，对小学生校车按每350mm核定1人，对中小学生校车按380mm核定1人；对学生单人座椅为坐垫宽大于或等于380mm时核定1人。

可折叠的单人座椅及驾驶人座椅 R 点所处的横向垂直平面之前的座椅不应作为学生座位（椅）核定人数。

幼儿及学生座椅尺寸及核定人数

校车类型	长条座椅核定	单人座椅核定	核定乘员上限
幼儿专用校车	330mm/人	坐垫宽大于或等于380mm时核定1人	45人
小学生校车	350mm/人		56人
中小学生校车	380mm/人		

3 合格要点

注册登记查验车辆时，核定载人数应与机动车整车出厂合格证标明的数值一致且符合《公告》管理的相关规定。其他情况下，座位/铺位数应与《机动车行驶证》记载的内容一致。

4 标准依据

涉及核定载人数的标准见下表。

涉及核定载人数的标准

名称	章节	条款
《机动车查验工作规程》（GA 801—2019）	附录A 表A.1.5	4.1.1 对申请注册登记的机动车，应确定核定载人数
		注册登记查验时，按照GB 7258—2017的4.4.2～4.4.6及11.6核定载客人数/驾驶室乘坐人数。对实行《公告》管理的国产机动车，载货汽车和专项作业车核定的驾驶室乘坐人数、载客汽车核定的乘坐人数与机动车整车出厂合格证明标明的数值应一致且符合《公告》管理的相关规定；对进口机动车，核定的乘坐人数应与进口机动车辆随车检验单证及其他经主管部门认可的技术资料（如：车辆产品一致性证书）一致。其他情况下，座位/铺位数应与《机动车行驶证》记载的内容一致
《机动车运行安全技术条件》（GB 7258—2017）	4.4.3.1	按乘员质量核定：按GB/T 12428 确定
	4.4.3.2	按坐垫宽和站立乘客有效面积核定：长条座椅（指坐垫靠背均为条形的供两人或多人乘坐的座椅）按坐垫宽400mm核定1人，但作为学生座位使用时，对幼儿校车按每280 mm（对幼儿专用校车按每330mm）核定1人，对小学生校车按每350 mm核定1人，对中小学生校车按380mm核定1人；单人座椅坐垫宽大于或等于400mm（对学生座椅为380mm）时核定1人。设有乘客站立区的客车，按GB/T 12428确定的站立乘客有效面积计算，每0.125 m²核定站立乘客1人；双层客车的上层及其他客车不核定站立人数
	4.4.3.5	幼儿校车、小学生校车和中小学生校车按4.4.3.2和4.4.3.4核定乘员数，其他客车以4.4.3.1、4.4.3.2及4.4.3.3计算的乘员数取最小值核定乘员数。幼儿校车的核定乘员数应小于或等于45人，其他校车的核定乘员数应小于或等于56人
	11.6.4	除设有乘客站立区的客车及设计和制造上有特殊使用需求的专用客车（如专用校车的照管人员座椅等）外，其他客车的座椅均应纵向布置（与车辆前进的方向相同）
	11.6.6	幼儿专用校车和小学生专用校车学生座椅的座间距应分别大于或等于500mm和550mm；其他客车同方向座椅的座间距大于或等于650mm，相向座椅的座间距应大于或等于1200mm。专用校车的学生座椅在车辆横向上最多采用"2+3"布置；其他客车座椅在车辆横向上不应采用"2+3"布置（最后一排座椅除外）

四、查验内容

续上表

名　称	章节	条　款
《专用校车安全技术条件》（GB 24407—2012）	5.10.5.1.3.1	幼儿及学生座椅应前向布置。幼儿及学生座椅不应是折叠座椅，驾驶员座椅R点所处的横向垂直平面以前不得设置幼儿及学生座椅。幼儿及学生座椅在车辆横向上最多采用"2+3"布置

7 车辆外观形状

1 查验要求

对于申请办理注册登记、转移登记、转入业务、因质量问题更换整车、变更迁出、变更车身颜色、改变使用性质、更换车身或者车架、更换发动机、重新打刻车辆识别代号、重新打刻发动机号、申领、补领机动车登记证书的专用校车，应查验车辆外观形状。

2 查验方法

查看实车商标、厂标、外部照明灯具、后视镜和下视镜、驾驶人视区、风窗玻璃等，对可见光透射比有疑问时使用透光率计等工具查验。注册登记查验时，进行实车外观形状与《公告》上的机动车照片比对，在用车查验时，进行实车外观形状与《机动车行驶证》上的机动车标准照片记载的车辆外观形状比对。

3 合格要点

要点一： 外部照明灯具的透光面均应齐全，对称设置、功能相同的外部照明灯具的透光面颜色不应有明显差异；机动车配备的后视镜和下视镜应完好；车辆上装备的商标、厂标等整车标志应与车辆品牌/型号相适应。

要点二： 前风窗玻璃及风窗以外玻璃用于驾驶人视区部位的可见光透射比应大于或等于70%；所有车窗玻璃可见光透射比均应大于50%；所有车窗玻璃应完好且未粘贴镜面反光遮阳膜；校车车窗玻璃不应张贴有不透明和带任何镜面反光材料的色纸或隔热纸

（客车车窗玻璃上张贴的符合规定的客车用安全标志和信息符号除外）。

要点三： 注册登记查验时，对实行《公告》管理的国产机动车，实车外观形状应与《公告》的机动车照片一致，但装有《公告》允许选装部件的除外；其他情况下，实车外观形状应与《机动车行驶证》上机动车标准照片记载的车辆外观形状一致（目视不应有明显区别），但装有允许自行加装部件的除外；机动车标准相片如悬挂有机动车号牌，其号牌号码和类型应与《机动车行驶证》记载的内容一致。

4 标准依据

涉及车辆外观形状查验的标准依据见下表。

涉及车辆外观形状查验的标准

名　　称	章节	条　　款
	4.1.1 b）	对申请注册登记的机动车，应查验车辆外观形状
《机动车查验工作规程》（GA 801—2019）	附录A表A.1.7	外部照明灯具的透光面均应齐全，对称设置、功能相同的外部照明灯具的透光面颜色不应有明显差异。机动车配备的后视镜和下视镜应完好。前风窗玻璃及风窗以外玻璃用于驾驶人视区部位的可见光透射比应大于或等于70%；校车，2012年9月1日起出厂的公路客车、旅游客车，2018年1月1日起出厂的设有乘客站立区的客车以及发动机中置且宽高比小于或等于0.9的乘用车，所有车窗玻璃可见光透射比均应大于50%；2012年9月1日前出厂的公路客车和旅游客车，侧窗玻璃的可见光透射比若小于50%，不应视为不符合标准规定。所有车窗玻璃应完好且未粘贴镜面反光遮阳膜；校车、公路客车、旅游客车、设有乘客站立区的客车以及发动机中置且宽高比小于或等于0.9的乘用车，车窗玻璃不应张贴有不透明和带任何镜面反光材料之色纸或隔热纸（客车车窗玻璃上张贴的符合规定的客车用安全标志和信息符号除外）。车辆上装备的商标、厂标等整车标志应与车辆品牌/型号相适应。仓栅式货车/挂车的顶部应安装有与侧面栅栏固定的、不能拆卸和调整的顶棚杆，且2018年1月1日起出厂的仓栅式货车/挂车顶棚杆间的纵向距离应小于或等于500mm；车辆运输挂车（包括中置轴挂车、半挂车）的后部不应设置有可用于载运车辆的可伸缩的结构。

四、查验内容

续上表

名　　称	章节	条　　款
《机动车查验工作规程》（GA 801—2019）	附录A表A.1.7	注册登记查验时，对实行《公告》管理的国产机动车，实车外观形状应与《公告》的机动车照片一致，但装有《公告》允许选装部件的以及乘用车在不改变车辆长度宽度和车身主体结构且保证安全的情况下加装车顶行李架、出入口踏步件、换装散热器面罩和/或保险杠、更换轮毂等情形的除外；客车、旅居车、专项作业车乘坐区的两侧应设置车窗；2012年9月1日起出厂的厢式货车和封闭式货车，驾驶室（区）两旁应设置车窗，货厢部位不应设置车窗［但驾驶室（区）内用于观察货物状态的观察窗除外］；专用客车、专项作业车的乘坐区与作业区重合的部分，可只在一侧设置车窗，防弹运钞车押运员乘坐区的两侧可不设置车窗。其他情况下，实车外观形状应与《机动车行驶证》上机动车标准照片记载的车辆外观形状一致（目视不应有明显区别），但装有允许自行加装部件的以及乘用车对车身外部进行了加装/改装但未改变车辆长度宽度和车身主体结构的除外；机动车标准相片如悬挂有机动车号牌，其号牌号码和类型应与《机动车行驶证》记载的内容一致。 乘用车出厂后对车身外部进行上述加装/改装但未改变车辆长度宽度和车身主体结构、加装车顶行李架后车辆高度增加值小于或等于300mm且未发现因加装/改装导致不符合GB 7258国家标准情形的，告知机动车所有人或申请人（或被委托的经办人）应定期对车辆按规定进行检查及维护保养、保证加装/改装后车辆的使用安全，车辆外观形状发生变化的还应申请换发行驶证，记录相关情况后视为合格。 乘用车加装车顶行李架后，车辆高度增加值应小于或等于300mm。测量车辆长度宽度时，按照GB 1589—2016国家标准规定不应计入测量范围的装置、部件应除外。 注1：查验员可以通过采集机动车标准照片信息核对机动车标准照片。 注2：国产车《公告》存在多个尺寸参数时，照片可以只反映其中一种尺寸参数
《机动车运行安全技术条件》（GB 7258—2017）	4.8.1	机动车各零部件应完好，连接牢固，无缺损
	4.8.2	车体应周正，车体外缘左右对称部位高度差应小于或等于40mm
	11.5.7	前风窗玻璃驾驶人视区部位及驾驶人驾驶时用于观察外后视镜的部位的可见光透射比应大于或等于70%。所有车窗玻璃不应张贴镜面反光遮阳膜。公路客车、旅游客车、设有乘客站立区的客车、校车和发动机中置式宽高比小于或等于0.9的乘用车所有车窗玻璃的可见光透射比均应大于或等于50%，且除符合GB 30678 规定的客车用安全标志和信息符号外，不应张贴有不透明和带任何镜面反光材料的色纸或隔热纸

8 号牌板（架）/车辆号牌

1 查验要求

对于申请办理注册登记、转移登记、转入业务的专用校车，需查验车辆号牌板（架）。对因质量问题更换整车、变更迁出、变更车身颜色、改变使用性质、更换车身或者车架、更换发动机、重新打刻车辆识别代号、重新打刻发动机号、申领、补领机动车登记证书、申请校车使用许可的专用校车，需查验车辆号牌。

2 查验方法

目视检查，重点检查号牌板（架）位置、安装孔数量、是否存在可翻转结构号牌情况。

3 合格要点

车辆号牌板（架）：

（1）安装位置：前号牌板（架）应设于前面的中部或右侧（按机动车前进方向），后号牌板（架）应设于后面的中部或左侧；

（2）安装孔：2016年3月1日起出厂机动车的每面号牌板（架）上应设有4个号牌安装孔，能用M6规格的螺栓将号牌直接牢固可靠地安装在车辆上。

四、查验内容

车辆号牌：

（1）应安装在号牌板（架）处，号牌正置、横向水平、纵向基本垂直且使用符合GA 804的专用固封装置固封，号牌应无变形、遮盖和破损、涂改，号牌号码和种类应与《机动车行驶证》的记录一致，其汉字、字母和数字应清晰可辨、颜色应无明显色差。

（2）不允许使用可拆卸号牌架和可翻转号牌架。

注意： 考虑校车有专门的外观制式要求，故规定车长大于或等于6m的校车无须在车厢后部喷涂或粘贴/放置放大的号牌号码。

4 常见不合格情形

未安装号牌板（架）、安装位置不符合要求、号牌板（架）未按规定设置4个号牌安装孔、使用可翻转号牌架等。

5 标准依据

涉及号牌板（驾）/车辆号牌查验的标准依据见下表。

涉及号牌板（驾）/车辆号牌查验的标准

名 称	章节	条 款
《机动车查验工作规程》（GA 801—2019）	4.1.1 b）	对申请注册登记的机动车，应查验车辆号牌板（架）
	附录A 表A.1.6	注册登记、转移登记及转入查验时，检查机动车号牌板（架）：前号牌板（架）（摩托车除外）应设于前面中部或右侧（按机动车前进方向），后号牌板（架）应设于后面中部或左侧，号牌板（架）应能安装符合GA36要求的机动车号牌且号牌安装后不应被遮挡、覆盖，不允许采用号牌板能被翻转的结构。2013年3月1日起出厂的机动车每面号牌板（架）上应设有2个号牌安装孔，2016年3月1日起出厂的机动车每面号牌板（架）[三轮汽车前号牌板（架）、摩托车后号牌板（架）除外]上应设有4个号牌安装孔；号牌安装孔应保证能用M6规格的螺栓将号牌直接牢固可靠地安装在车辆上。 其他情况查验时，检查车辆号牌：号牌应安装在号牌板（架）处，号牌应正置、横向水平、纵向基本垂直且使用符合GA 804的专用固封装置固封，号牌应无变形、遮盖和破损、涂改，号牌号码和种类应与《机动车行驶证》的记录一致，其汉字、字母和数字应清晰可辨、颜色应无明显色差。不允许使用可拆卸号牌架和可翻转号牌架。

续上表

名　　称	章节	条　款
《机动车查验工作规程》（GA 801—2019）	附录A 表A.1.6	在用车查验时，总质量大于或等于4500kg的货车（半挂牵引车除外）和货车底盘改装的专项作业车（消防车除外）、总质量大于3500kg的挂车，以及车长大于或等于6m的客车（警车、校车除外）均应在车厢后部喷涂或粘贴/放置放大的号牌号码，总质量大于或等于12000kg的自卸车还应在车厢左右两侧喷涂放大的号牌号码。受结构限制车厢后部无法粘贴/放置放大的号牌号码时，车厢左右两侧喷涂有放大的号牌号码的，视为满足要求。放大的号牌号码字样应清晰，颜色应与车身底色有明显反差。 对平板式、骨架式结构的货车、专项作业车、牵引车等无载货部位或载货部位受结构限制确实无法满足放大号喷涂要求的，不查验放大的号牌号码；但这类车辆上道路行驶时，应按规定放置放大的号牌号码板
《机动车运行安全技术条件》（GB 7258—2017）	11.8.1	机动车应设置能满足号牌安装要求的号牌板（架）。前号牌板（架）（摩托车除外）应设于前面的中部或右侧（按机动车前进方向），后号牌板（架）应设于后面的中部或左侧
	11.8.2	每面号牌板（架）上应设有4个号牌安装孔（三轮汽车前号牌板［架］、摩托车后号牌板［架］应设有2个号牌安装孔），以保证能用M6规格的螺栓将号牌直接牢固可靠地安装在车辆上
《中华人民共和国机动车号牌》（GA 36—2018）	10.1	应正面朝外、字符正向安装在号牌板（架）上，禁止反装或倒装； 前号牌安装在机动车前端的中间或者偏右（按机动车前进方向），后号牌安装在机动车后端的中间或者偏左，不应影响机动车安全行驶和号牌的识别； 安装要保证号牌无任何变形和遮盖，横向水平，纵向基本垂直地面，纵向夹角不大于15°（摩托车号牌向上倾斜纵向夹角不大于30°）； 安装孔均应安装符合GA 804要求的固封装置，但受车辆条件限制无法安装的除外； 使用号牌架辅助安装时，号牌架内侧边缘距离机动车登记编号字符边缘大于5mm以上，不应遮盖生产序列标识； 号牌周边不应有其他影响号牌识别的光源
	11	以下情况导致号牌不清晰、不完整而影响识别，或公安机关交通管理部门指定更换时，应更换号牌： 号牌字符被涂改，不能复原； 号牌字符的反光明显不一致或底色反光明显不均匀； 号牌的安装孔损坏或其他物理化学损坏； 号牌的底色或字符颜色明显褪色； 机动车登记编号或生产序列标识不完整； 号牌外观不符合6.5的要求
	12.2	放大的号牌号码字体尺寸不小于小型汽车号牌用字体的2.5倍

四、查验内容

9 轮胎完好情况

1 查验要求

对办理注册登记、转移登记、转入、因质量问题更换整车、变更迁出变更车身颜色、改变使用性质、更换车身或者车架、更换发动机、重新打刻车辆识别代号、重新打刻发动机号、申领、补领机动车登记证书的专用校车，需查验轮胎完好情况。

2 查验方法

查看轮胎花纹深度是否符合标准；查看轮胎完整性，是否存在破裂、缺损、异常磨损、割伤和暴露出轮胎帘布层情况；查看轮胎螺母是否完整齐全；查看是否使用翻新轮胎；查看轮胎数量机动车整车出厂合格证明等相关凭证记载的数据是否一致。

3 合格要点

要点一： 转向轮的轮胎花纹深度应大于或等于3.2mm；其余轮胎花纹深度应大于或等于1.6mm。

轮胎花纹深度
转向轮≥3.2mm
其余轮≥1.6mm

要点二： 轮胎胎面及胎壁应无影响使用的破裂、缺损、异常磨损和割伤，轮胎胎面不得因局部磨损而暴露出轮胎帘布层；轮胎的胎面和胎壁上不得有长度超过25mm或深度足以暴露出轮胎帘布层的破裂和割伤，常见不合格轮胎如下。

轮胎缺损

有严重划痕

胎冠花纹磨损过度

要点三： 校车的所有车轮不得装用翻新轮胎，轮胎螺栓螺母应完整齐全。

4 标准依据

涉及轮胎完好情况查验的标准依据见下表。

涉及轮胎完好情况查验的标准

名　称	章节	条　款
《机动车查验工作规程》（GA 801—2019）	4.1.1 b）	对申请注册登记的机动车，应查验轮胎完好情况
	附录A 表A.1.8	轮胎胎冠花纹深度应符合GB 7258—2017的9.1.6的要求，轮胎胎面及胎壁应无影响使用的破裂、缺损、异常磨损和割伤，轮胎胎面不应由于局部磨损而暴露出轮胎帘布层。轮胎螺母应完整齐全。公路客车、旅游客车和校车的所有车轮及其他机动车的转向轮不应装用翻新的轮胎。 注册登记查验时，轮胎数应与机动车整车出厂合格证明等相关凭证记载的数据一致；其他情况下，轮胎数应与《机动车行驶证》上机动车标准照片记载的轮胎数一致

四、查验内容

续上表

名称	章节	条款
《机动车运行安全技术条件》（GB 7258—2017）	9.1.1	机动车所装用轮胎的速度级别不应低于该车最大设计车速的要求，但装用雪地轮胎时除外
	9.1.2	公路客车、旅游客车和校车的所有车轮及其他机动车的转向轮不应装用翻新的轮胎；其他车轮若使用翻新的轮胎，应符合相关标准的规定
	9.1.3	同一轴上的轮胎规格和花纹应相同，轮胎规格应符合整车制造厂的规定
	9.1.5	专用校车和卧铺客车应装用无内胎子午线轮胎
	9.1.6	乘用车、挂车轮胎胎冠花纹上的花纹深度应大于或等于1.6mm，摩托车轮胎胎冠花纹上的花纹深度应大于或等于0.8mm；其他机动车转向轮的胎冠花纹深度应大于或等于3.2mm，其余轮胎胎冠花纹深度应大于或等于1.6mm
	9.1.7	轮胎胎面不应由于局部磨损而暴露出轮胎帘布层。轮胎不应有影响使用的缺损、异常磨损和变形
	9.1.8	轮胎的胎面和胎壁上不应有长度超过25mm或深度足以暴露出轮胎帘布层的破裂和割伤
《专用校车安全技术条件》（GB 24407—2012）	5.7.1	专用校车应使用无内胎子午线轮胎
	5.7.2	总质量大于4.5 t的专用校车，后轮应安装双轮胎
	5.7.3	若安装轮胎爆胎应急安全装置，应符合JT/T 782的要求

5 知识拓展

（1）常见轮胎规格参数含义解读如下。

（2）翻新轮胎识别说明：

根据《载重汽车翻新轮胎》（GB 7037—2007）的规定，每条翻新轮胎上应有以下标志，其中a）~d）项为模刻标志，e）项为永久性标志，f）项可为水洗不掉的标志。

a) 轮胎规格；
b) 轮胎翻新厂商标、厂名或地名；
c) 翻新轮胎应标志"RETREAD"或"翻新"；
d) 负荷指数、层级、最大负荷能力、速度符号、充气压力；
e) 翻新次数、翻新批号或胎号；
f) 出厂检验印记。

10 应急出口/应急锤

1 查验要求

对办理注册登记、转移登记、因质量问题更换整车、转入、变更迁出、变更使用性质、更换车身或者车架业务、申请校车使用许可的专用校车，需查验应急出口/应急锤。

2 查验方法

查验应急出口/应急锤的数量、标志、尺寸，确认是否符合标准规定。

四、查验内容

3 合格要点

要点一： 车辆的左侧、右侧应至少各有一个出口（包括乘客门或应急出口）；乘客区的前半部和后半部应至少各设一个出口；后围应至少有一个出口。

为满足紧急情况下的乘员撤离和车外救助，应急出口（包括应急门、应急窗或撤离舱口）的种类、位置、最少数量应符合下表的规定。

《专用校车安全技术条件》（GB 24407—2012）
关于应急出口的种类、位置和最少数量的规定

车长（L）m	基本应急出口	基本应急出口对应的附加应急出口
L<6	"后围应急门"，或者"左侧应急门+后围应急窗"	1个左侧应急窗+1个右侧应急窗
6≤L<9	"后围应急门"，或者"左侧应急门+后围应急窗"	1个左侧应急窗+1个右侧应急窗+1个顶部撤离舱口
9≤L<12	"后围应急门"，或者"左侧应急门+后围应急窗"	2个左侧应急窗+2个右侧应急窗+2个顶部撤离舱口

若车顶或地板上设有一个撤离舱口，应位于车辆中部范围内（该范围的长度等于车长的1/2）；若设有两个撤离舱口，二者相邻两边之间的距离（平行于车辆纵轴线测量）至少2m。应急门和应急窗不应位于排气管出口的上方，应急窗也不应位于停车指示牌的上方，如下图所示。

要点二：

（1）安全顶窗应易于从车内、外开启或用应急锤击碎。

（2）应急门应有锁止机构且锁止可靠，当车辆停止时不用工具即能从车内外方便地打开，并设有车门开启声响报警装置。

（3）应急窗应采用易于迅速从车内、外开启的装置，或采用自动破窗装置，或在车窗玻璃上方中部或右角标记有直径不小于50mm的圆心击破点标志。每个应急窗的邻近处配置一个应急锤，以方便击碎车窗玻璃，且应急锤取下时应能通过声响信号实现报警。其中，外推式应急窗玻璃的上方中部或右角应标记有击破点标记，邻近处应配置应急锤。

要点三： 每个应急出口（包括应急门、应急窗和撤离舱口）应在其附近设有"安全出口"或"应急出口"字样，字体高度应大于或等于40mm。

应急出口标志式样

应急出口的应急控制器应在其附近标有清晰的符号或字样并注

四、查验内容

明其操作方法，字体高度应不小于10mm。

4 标准依据

涉及应急出口/应急锤查验的标准依据见下表。

涉及应急出口/应急锤查验的标准

名称	章节	条款
	4.1.2 h)	对车长大于或等于6m的客车，查验应急出口和应急锤
《机动车查验工作规程》（GA 801—2019）	附录A 表A.1.19	2012年9月1日起出厂的车长大于7m的客车（乘坐人数小于20的专用客车除外）应设置撤离舱口；2013年9月1日起出厂的设有乘客站立区的客车车身两侧的车窗，若洞口可内接一个面积大于或等于800mm×900mm的矩形时，应设置为推拉式或外推式应急窗；若洞口可内接一个面积大于或等于500mm×700mm的矩形时，应设置为击碎玻璃式的应急窗，并在附近配置应急锤或具有自动破窗功能；2014年9月1日起出厂的车长大于或等于6m的客车（乘坐人数小于20的专用客车除外），如车身右侧仅有一个乘客门且在车身左侧未设置驾驶人门，应在车身左侧或后部设置应急门。2019年1月1日起出厂的公路客车、旅游客车和未设置乘客站立区的公共汽车，车长大于9m时车身左右两侧应至少各配置2个外推式应急窗并应在车身左侧设置1个应急门，车长大于7m且小于或等于9m时车身左右两侧应至少各配置1个外推式应急窗；外推式应急窗玻璃的上方中部或右角应标记有击破点标记，邻近处应配置应急锤。2019年1月1日起出厂的其他车长大于9m的未设置乘客站立区的客车，车身左右两侧至少各有2个击碎玻璃式的应急窗（车身两侧击碎玻璃式的应急窗总数小于或等于4个时为所有击碎玻璃式的应急窗）具有自动破窗功能的，应视为满足要求。使用应急窗时，应采用易于迅速从车内、外开启的装置；或采用自动破窗装置；或在车窗玻璃上方中部或右角标记有直径不小于50mm的圆心击破点标志，并在每个应急窗的邻近处提供一个应急锤以方便地击碎车窗玻璃，且应急锤取下时应能通过声响信号实现报警。应急门应有锁止机构且锁止可靠，当车辆停止时不用工具即能从车内外方便地打开，并设有车门开启声响报警装置。安全顶窗应易于从车内、外开启或移开或用应急锤击碎。每个应急出口（包括应急门、应急窗和撤离舱口）应在其附近设有"安全出口"或"应急出口"字样，字体高度应大于或等于40mm

续上表

名称	章节		条款
《机动车运行安全技术条件》（GB 7258—2017）	2.4.1 基本要求	2.4.1.1	客车应设置与其乘坐人数相匹配数量的乘客门、应急窗
		2.4.1.2	车长大于或等于6m的客车（乘坐人数小于20的专用客车除外），如车身右侧仅有一个乘客门且在车身左侧未设置驾驶人门，应在车身左侧或后部设置应急门。车长大于7m的客车（乘坐人数小于20的专用客车除外）应设置撤离舱口。卧铺客车的卧铺布置为上、下双层时，侧窗洞口应为上下两层
	2.4.2 应急门	2.4.2.1	应急门的净高应大于或等于1250mm，净宽应大于或等于550mm；但车长小于或等于7m的客车，应急门的净高应大于或等于1100mm，若自门洞最低处向上400mm以内有轮罩凸出，则在轮罩凸出处应急门净宽可减至300mm
		2.4.2.2	车辆侧面的铰接式应急门铰链应位于前端，向外开启角度应大于或等于100°，并能在此角度下保持开启。如在应急门打开时能提供大于或等于550 mm的自由通道，则开度大于或等于100°的要求可不满足
		2.4.2.3	通向应急门的引道宽度应大于或等于300mm，不足300mm时允许采用迅速翻转座椅的方法加宽引道。专用校车沿引道侧面设有折叠座椅时，在折叠座椅打开的情况下（对在不使用时能自动折叠的座椅，在座椅处于折叠位置时），引道宽度仍应大于或等于300mm
		2.4.2.4	应急门应有锁止机构且锁止可靠。应急门关闭时应能锁止，且在车辆正常行驶情况下不会因车辆振动、颠簸、冲撞而自行开启
《专用校车安全技术条件》（GB 24407—2012）		5.10.4.1.1.1	专用校车应只有一个乘客门并位于右侧前后轮之间。轻型专用校车的乘客门尺寸应符合GB 18986的规定。大中型专用校车的乘客门尺寸应符合GB 13094的规定
		5.10.4.1.1.2	车辆的左侧、右侧应至少各有一个出口。乘客区的前半部和后半部应至少各设一个出口。后围应至少一个出口

· 50 ·

四、查验内容

续上表

名　　称	章节	条　款
《专用校车安全技术条件》（GB 24407—2012）	5.10.4.1.1.3	为满足紧急情况下的乘员撤离和车外救助，应急出口的种类、位置、最少数量应符合表2的规定。若车顶或地板上设有一个撤离舱口，应位于车辆中部范围内（该范围的长度等于车长的1/2）；若设有两个撤离舱口，二者相邻两边之间的距离（平行于车辆纵轴线测量）至少2m。应急门和应急窗不应位于排气管出口的上方，应急窗也不应位于停车指示牌的上方。应急门、应急窗和撤离舱口的最小尺寸应符合GB 13094的规定
	5.10.4.1.2	侧窗的结构。专用校车乘客区侧窗的结构应为高度方向上至少下部1/2封闭。所有车窗玻璃的可见光透射比均应不小于50%，且不得张贴有不透明和带任何镜面反光材料的色纸或隔热纸
	5.10.4.1.3.1	车辆后围上的应急门应铰接于侧面并向外开启
	5.10.4.1.3.2	乘客门和应急门上应装玻璃窗，玻璃窗应采用安全玻璃
	5.10.4.1.3.3	乘客门和应急门的高度小于1700mm时，门洞顶部内侧整个宽度范围内应安装宽度不小于75mm、厚度不小于20mm、邵氏硬度不大于50的防撞垫
	5.10.4.1.3.4	应急出口的锁止装置应能从车内和车外手动解锁开启，解锁力和开启力应不超过178N
	5.10.4.1.3.5	出口的其他技术要求，对轻型专用校车应符合GB 18986的相关规定，对大中型专用校车应符合GB 13094的相关规定

11 机动车用三角警告牌、汽车乘员反光背心

1 查验要求

对办理注册登记、转移登记、因质量问题更换整车、转入、变更迁出的专用校车，需查验机动车用三角警告牌、汽车乘员反光背心。

2 查验方法

目视查验，重点检查配备情况及外观形状。

3 合格要点

三角警告牌:

要点一: 三角警告牌中空,外侧为红色回复反射区,内侧邻接为红色荧光区,均为同心的等边三角形,边长为500mm±50mm,中空区域的边长最小为70mm,试样如下。

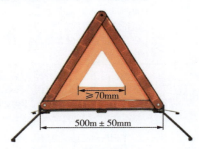

要点二: 三角警告牌放置道路使用时,正面应垂直于地面(如果警告牌轴线与地平面之间的夹角不超过5°),且支撑面与警告牌底边之间的距离应不大于300mm。

乘员反光背心:

四、查验内容

2018年1月1日起出厂的专用校车应配备1件反光背心。

4 标准依据

机动车用三角警告牌、汽车乘员反光背心查验的标准依据见下表。

机动车用三角警告牌、汽车乘员反光背心查验的标准

名　　称	章　节	条　　款
《机动车查验工作规程》（GA 801—2019）	4.1.2 a）	对汽车（无驾驶室的三轮汽车除外），应查验机动车用三角警告牌、汽车乘员反光背心
	附录A 表A.1.9	汽车（无驾驶室的三轮汽车除外）应配备1个机动车用三角警告牌，属于2018年1月1日以后的还应配备1件反光背心；三角警告牌及反光背心式样及尺寸应符合相关规定。 非注册登记查验时，乘用车未按规定配备机动车用三角警告牌和/或反光背心的，告知机动车所有人或申请人（或被委托人的经办人）道路交通安全法律法规和技术标准相关规定和使用要求，记录相关情况后视为合格
《机动车运行安全技术条件》（GB 7258—2017）	12.15.2	汽车（无驾驶室的三轮汽车除外）应配备1件反光背心和1个符合GB 19151规定的三角警告牌，三角警告牌在车上应妥善放置
《机动车用三角警告牌》（GB 19151—2003）	4.1 基本要求	4.1.1　警告牌应是中空的，外侧为红色的回复反射区，内侧邻接的为红色荧光区，均为同心的等边三角形。警告牌由支架支撑在距地面一定高度处
		4.1.2　在正常使用条件下，警告牌应能保持规定的特性和良好的性能
		4.1.3　警告牌的光学部件应不易拆卸，组成警告牌的各部分也应不易拆卸，将警告牌放置在道路上，各部分应具有良好的稳定性。将警告牌放入保护罩内时，其可动部件包括支架应是不可拆的
		4.1.4　当警告牌被放置在使用道路上时，警告牌正面应垂直于地面（如果警告牌轴线与地平面之间的夹角不超过5℃，则认为满足要求）
		4.1.5　警告牌正面不得粗糙，应易于清洁；若有凸起不应妨碍清洁

续上表

名　称	章　节		条　款
《机动车用三角警告牌》（GB 19151—2003）	4.1 基本要求	4.1.6	警告牌及其支架不应有尖角或锐边
		4.1.7	警告牌应带有保护罩，以防止受到侵蚀。如采用其他防护方法，也可以不使用保护罩
	4.2 形状和尺寸	4.2.1	警告牌的理论边长为500mm±50mm，反射器宽度为25~50mm，外边沿宽度不得超过5mm，且不一定是红色的。 回复反射单元可以是连续的，或者是不连续的。如果是不连续的，反射器的非连续区域必须是红色的。 荧光器应延伸到反射器，并沿着反射器三角形的三条边对称排列。荧光器面积不得小于315cm^2。在反射器和荧光器之间的边沿不得大于5mm，可以连续或不连续，且不一定是红色的。 警告牌中空区域的边长最小为70mm
		4.2.2	支撑面与警告牌底边之间的距离应不大于300mm

12 校车标志灯、停车指示标志

1 查验要求

对办理注册登记、转移登记、因质量问题更换整车、转入、变更迁出、申请校车使用许可业务的专用校车，需查验校车标志灯、停车指示标志。

2 查验方法

实车查看专用校车是否按规定安装了专用校车标志灯，设置了停车指示标志。

3 合格要求

校车标志灯：
车外顶部前后各安装2个黄色专用校车标志灯。

四、查验内容

停车指示标志：
（1）停车指示牌：在车辆左侧应设置1个，指示牌两面应一致。

（2）停车提醒标示：在车后围板外表面、后方车辆接近时可以看到的区域，清晰标示"请停车等候"及"当停车指示牌伸出时"红色字样。"当停车指示牌伸出时"字样应在"请停车等候"字样的下方。

专用校车查验辅助手册

4 标准依据

涉及校车标志灯、停车指示标志的标准依据见下表。

涉及校车标志灯、停车指示标志的标准

名 称	章节	条 款
《机动车查验工作规程》（GA 801—2019）	4.1.1 b）	对申请注册登记的机动车，查验车辆外观形状
	4.1.21）	对专用校车，查验车身外观标识、校车标志灯和停车指示标志（停车指示牌）、具有行驶记录功能的卫星定位装置、干粉灭火器、急救箱和车内外录像监控系统、辅助倒车装置、学生座椅（位）和照管人员座椅（位）、汽车安全带、应急出口和应急锤（逃生锤）
	附录A 表A.1.23	校车应按照GB 24407—2012及其他相关规定配备校车标志灯、停车指示标志，配备具有行驶记录功能的卫星定位装置、应急锤、干粉灭火器、急救箱等安全设备，设置照管人员座椅（座位）。 专用校车应喷涂粘贴符合GB 24315规定的专用校车车身外观标识，每一个座椅（包括驾驶人座椅、照管人员座椅和学生座椅）均应安装汽车安全带，照管人员座椅的数量和位置应符合GB 24407—2012的5.10.5.1.2.1规定，每一个照管人员座椅均应有明显标识。2013年5月1日起出厂的所有专用校车，还应安装车内外录像监控系统和辅助倒车装置。 非专用校车如喷涂粘贴有专用校车车身外观标识，车身外观标识应符合GB 24315关于专用校车车身外观标识的规定，每一个学生座椅应安装汽车安全带

四、查验内容

续上表

名　称	章节	条　款
《专用校车安全技术条件》(ＧＢ24407—2012)	5.11.1	停车指示牌。专用校车应按附录B的规定安装停车指示牌，当上、下学生时，停车指示牌应伸出以提醒后方车辆停车等候
	5.11.2.1	安装位置和数量。专用校车应在车外顶部前后各安装2个黄色专用校车标志灯，前标志灯与车顶前部最边缘的距离应不大于400mm；后标志灯与车顶后部最边缘的距离应不大于400mm。左右两个标志灯应尽量靠近车身左右侧外缘，并与车辆纵向中心线对称。专用校车标志灯安装后不应高出车顶蒙皮上表面200mm

13 照管人员座位

1 查验要求

对办理注册登记、转移登记、因质量问题更换整车、转入、变更迁出、申请校车使用许可的专用校车，需查验照管人员座位

2 查验方法

实车检查，确认照管人员座位数量、标识及安全带是否符合要求。

3 合格要点

要点一： 专用校车至少安装1个照管人员座椅。

幼儿专用校车上的幼儿座椅数在20~40个时应安装2个或3个照管人员座椅，40个（含）以上时应安装3个或4个照管人员座椅。小学生专用校车、中小学生专用校车上的学生座椅数为40个（含）以上时，应安装2个或3个照管人员座椅。只有1个照管人员座椅时，照管人员座椅应位于车辆通道前端并靠近乘客门位置；照管人员座椅超过1个时，至少有1个照管人员座椅靠近应急门。

要点二： 照管人员座椅应有标识，并应配备安全带。

4 标准依据

涉及照管人员座位的标准依据见下表。

涉及照管人员座位的标准

名称	章节	条款
《机动车查验工作规程》（GA 801—2019）	附录A表A.1.23	校车应按照GB 24407—2012及其他相关规定设置照管人员座椅（座位）。专用校车应喷涂粘贴符合GB 24315规定的专用校车车身外观标识，每一个座椅（包括驾驶人座椅、照管人员座椅和学生座椅）均应安装汽车安全带，照管人员座椅的数量和位置应符合GB 24407—2012的5.10.5.1.2.1规定，每一个照管人员座椅均应有明显标识
《专用校车安全技术条件》（GB 24407—2012）	5.10.5.1.2.1	专用校车应至少安装一个照管人员座椅。当幼儿专用校车上的幼儿座椅数大于或等于20个小于40个时应安装两个或三个照管人员座椅，大于或等于40个时应安装三个或四个照管人员座椅。当小学生专用校车、中小学生专用校车上的学生座椅数大于或等于40个时应安装两个或三个照管人员座椅。当只有一个照管人员座椅时，照管人员座椅应位于车辆通道前端并靠近乘客门；当照管人员座椅超过一个时，至少有一个照管人员座椅靠近应急门
	5.10.5.1.2.2	照管人员座椅应有标识
	5.10.5.1.2.3	照管人员座椅应配备安全带
	5.10.5.1.2.4	前向安装的照管人员座椅及其车辆固定件的强度应符合GB 13057的规定
	5.10.5.1.2.5	照管人员座椅的安全带及其固定点应分别符合GB 14166和GB 14167的规定

14 汽车安全带

1 查验要求

对办理注册登记、转移登记、因质量问题更换整车、转入、变更迁出、申请校车使用许可的专用校车，需查验汽车安全带。

2 查验方法

目测安全带数量齐全，固定点合理，实际操作确保安全带均能正常使用。

3 合格要点

汽车装备的汽车安全带应齐全且所有安全带均应能正常使用；汽车安全带的固定点应合理，不应导致安全带卷带跨越其他乘客的上下车通道。驾驶人座椅应配备三点式安全带；每个幼儿及学生座椅应配备满足两点式安全带。

4 标准依据

涉及安全带查验的标准依据见下表。

涉及安全带查验的标准

名称	章节	条款
《机动车查验工作规程》（GA 801—2019）	4.1.2 b）	对乘用车、旅居车、未设置乘客站立区的客车、货车（三轮汽车除外）、专项作业车的所有座椅，以及设有乘客站立区的客车的驾驶人座椅和前排乘员座椅（前排乘员座椅指"最前H点"位于驾驶人"R"点的横截面上或在此横截面前方的座椅），查验汽车座椅数量及安全带

续上表

名称	章节	条款
《机动车查验工作规程》（GA 801—2019）	附录A 表A.1.10	汽车装备的乘员座椅数量应与机动车整车出厂合格证明等凭证、技术资料记载的信息一致。汽车装备的汽车安全带应齐全且所有安全带均应能正常使用；汽车安全带的固定点应合理，不应导致安全带卷带跨越其他乘客的上下车通道（乘客的上下车通道不包括停车时需临时移动、折叠座椅以便其他乘客上下车的情形）。卧铺客车每一个铺位均应安装两点式汽车安全带。 注册登记查验时，2018年1月1日前出厂的乘用车、公路客车、旅游客车、未设置乘客站立区的公共汽车、旅居车的所有座椅，其他汽车（低速汽车除外）的驾驶人座椅和前排乘员座椅均应装置汽车安全带；所有驾驶人座椅、前排乘员座椅（货车前排乘员的中间位置及设有乘客站立区的公共汽车除外）、客车位于踏步区的车组人员座椅以及乘用车除第二排及第二排以后的中间位置座椅外的所有座椅，装置的汽车安全带均应为三点式（或四点式）安全带；2018年1月1日起出厂的乘用车、旅居车、未设置乘客站立区的客车、货车（三轮汽车除外）、专项作业车的所有座椅，以及设有乘客站立区的客车的驾驶人座椅和前排乘员座椅均应装备汽车安全带；除三轮汽车外，所有驾驶人座椅、乘用车的所有乘员座椅（设计和制造上具有行动不便乘客乘坐设施的乘用车设置的后向座椅除外）、总质量小于或等于3500kg的其他汽车的所有外侧座椅、其他汽车（设有乘客站立区的客车除外）的前排外侧乘员座椅，装备的汽车安全带均应为三点式（或全背带式）汽车安全带。 按照GB 7258—2017的4.4.2.4不核定乘坐人数的座椅，以及其他仅在机动车停止状态下供人员乘坐的座椅不属于乘员座椅，但这些座椅不应装备汽车安全带，且汽车产品使用说明书对这些座椅的设计和制造用途、使用安全事项等应予以说明
	附录A 表A.1.23	专用校车应喷涂粘贴符合GB 24315规定的专用校车车身外观标识，每一个座椅（包括驾驶人座椅、照管人员座椅和学生座椅）均应安装汽车安全带，照管人员座椅的数量和位置应符合GB 24407—2012的5.10.5.1.2.1规定，每一个照管人员座椅均应有明显标识。2013年5月1日起出厂的所有专用校车，还应安装车内外录像监控系统和辅助倒车装置。 非专用校车如喷涂粘贴有专用校车车身外观标识，车身外观标识应符合GB 24315关于专用校车车身外观标识的规定，每一个学生座椅应安装汽车安全带

四、查验内容

续上表

名　　称	章节	条　　款
《机动车运行安全技术条件》（GB 7258—2017）	12.1.1	乘用车、旅居车、未设置乘客站立区的客车、货车（三轮汽车除外）、专项作业车的所有座椅，设有乘客站立区的客车的驾驶人座椅和前排乘员座椅均应装备汽车安全带
	12.1.2	除三轮汽车外，所有驾驶人座椅、乘用车的所有乘员座椅（设计和制造上具有行动不便乘客乘坐设施的乘用车设置的后向座椅除外）、总质量小于或等于3500kg的其他汽车的所有外侧座椅、其他汽车（设有乘客站立区的客车除外）的前排外侧乘员座椅，装备的汽车安全带均应为三点式（或全背带式）汽车安全带
	12.1.3	专用校车和专门用于接送学生上下学的非专用校车的每个学生座位（椅）及卧铺客车的每个铺位均应装备两点式汽车安全带
	12.1.4	汽车安全带应可靠有效，安装位置应合理，固定点应有足够的强度。对于能够折叠以方便进入车辆的后部或行李舱的整体座椅或座垫或靠背，在折叠并恢复座椅到乘坐位置后，依据车辆产品使用说明书，单人就能方便地使用这些座椅配套的安全带，或很容易从这些座椅的下面或后面方便地进行恢复
	12.1.5	汽车（三轮汽车除外）应装备驾驶人汽车安全带佩戴提醒装置。当驾驶人未按规定佩戴汽车安全带时，应能通过视觉和声觉信号报警
《专用校车安全技术条件》（GB 24407—2012）	5.10.5.1.1.1	驾驶员座椅应配备3点式安全带
	5.10.5.1.1.3	驾驶员座椅的安全带及其固定点应分别符合GB 14166和GB 14167的规定
	5.10.5.1.2.3	照管人员座椅应配备安全带
	5.10.5.1.2.5	照管人员座椅的安全带及其固定点应分别符合GB 14166和GB 14167的规定
	5.10.5.1.3.3	每个幼儿及学生座椅应配备满足GB 14166规定的两点式安全带

15 灭火器

1 查验要求

对办理注册登记、转移登记、因质量问题更换整车、转入、变更迁出、申请校车使用许可的专用校车,需查验灭火器。

2 查验方法

实车查看灭火器使用状态是否有效,安装是否牢靠并便于使用。

3 合格要点

乘员舱内应保证至少1个照管人员座椅附近和驾驶人座椅(见下图 a)附近各有1个至少2kg的ABC 型干粉灭火器;安装位置应清晰或清楚标识,易于取用,压力表在不移动灭火器的条件下能观察到压力情况,且在正常使用范围内(见下图b)。

a)

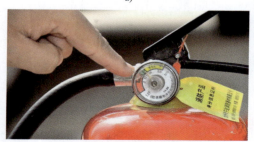

b)

四、查验内容

4 常见不合格情形

灭火器失效，在车身安装不牢靠、不便于使用，灭火器数量及重量不符合要求。

5 标准依据

涉及灭火器查验的标准依据见下表。

涉及灭火器查验的标准

名称	章节	条款
《机动车查验工作规程》（GA 801—2019）	4.1.2 f)	对危险货物运输车辆、客车、旅居车，应查验灭火器
	附录A 表A.1.17	客车、危险货物运输车辆、（2018年1月1日起出厂的）旅居车应配备使用状态有效的灭火器，灭火器在车身应安装牢靠并便于使用，其压力表应在不移动灭火器的条件下能观察到压力状态；客车灭火器及其支架不应突入通道、乘客门引道和应急门引道，且不会影响应急窗的通过性。客车仅有一个灭火器时，应设置在驾驶人座椅附近；当有多个灭火器时，应在客厢内按前、后，或前、中、后分布，其中一个应靠近驾驶人座椅
《机动车运行安全技术条件》（GB 7258—2017）	12.10.2	客车的灭火装备配置应符合GB 34655的规定
《专用校车安全技术条件》（GB 24407—2012）	5.12.6.2	乘员舱内应配备灭火器，应保证至少一个照管人员座椅附近和驾驶员座椅附近各有一只至少2kg重的ABC型干粉灭火器，其要求应符合GB 4351.1的规定。灭火器的安装位置应清晰或清楚标识，在紧急情况易于取用。灭火器的压力表应在不移动灭火器的条件下能观察到压力情况

16 行驶记录装置

1 查验要求

对办理注册登记、转移登记、因质量问题更换整车、转入、变更迁出、变更使用性质、更换车身或者车架业务、申请校车使用许可的专用校车，需查验行驶记录装置。

2 查验方法

实车查验驾驶室内行驶记录装置外观，及安装、显示情况。

3 合格要点

要点一： 行驶记录装置及连接导线在车上固定可靠，能够正常显示。

要点二： 作为行驶记录装置，显示部分应易于观察、数据接口应便于移动存储介质的插拔。

要点三： 主机外表面易见部位应模压或印有符合规定的"3C"标识。

4 常见不合格情形

未安装行驶记录仪、行驶记录仪安装不牢靠、行驶记录仪不能正常显示等。

5 标准依据

涉及行驶记录装置查验的标准依据见下表。

涉及行驶记录装置查验的标准

名　称	章节	条　款
《机动车查验工作规程》（GA 801—2019）	4.1.21)	对专用校车，查验车身外观标识、校车标志灯和停车指示标志（停车指示牌）、具有行驶记录功能的卫星定位装置、干粉灭火器、急救箱和车内外录像监控系统、辅助倒车装置、学生座椅（位）和照管人员座椅（位）、汽车安全带、应急出口和应急锤（逃生锤）

四、查验内容

续上表

名　　称	章节	条　　款
《机动车查验工作规程》（GA 801—2019）	附录A表A.1.18	公路客车、旅游客车、危险货物运输货车，2013年3月1日起注册登记的未设置乘客站立区的公共汽车、半挂牵引车和总质量大于或等于12000kg的货车，2018年1月1日起出厂的设有乘客站立区的客车，2019年1月1日起出厂的其他客车，应安装符合规定的行驶记录仪、具有行驶记录功能的卫星定位装置等行驶记录装置。行驶记录装置及其连接导线在车上应固定可靠。行驶记录装置应能正常显示；如使用行驶记录仪作为行驶记录装置，其显示部分应易于观察、数据接口应便于移动存储介质的插拔。2006年12月1日起出厂汽车安装的汽车行驶记录仪，其主机外表面的易见部位应模压或印有符合规定的"3C"标识
《机动车运行安全技术条件》（GB 7258—2017）	8.6.5	所有客车、危险货物运输货车、半挂牵引车和总质量大于或等于12000kg的其他货车应装备具备记录、存储、显示、打印或输出车辆行驶速度、时间、里程等车辆行驶状态信息的行驶记录仪；行驶记录仪应接入车辆速度、制动等信号，规范设置车辆参数并配置驾驶人身份识别卡，显示部分应易于观察，数据接口应便于移动存储介质的插拔，技术要求应符合GB/T 19056的规定。校车、公路客车、旅游客车、危险货物运输货车装备具有行驶记录功能的卫星定位装置，且行驶记录功能的技术要求符合本标准及GB/T 19056相关规定，或车长小于6m的其他客车装备符合标准规定的事件数据记录系统（EDR），应视为满足要求。专用校车和卧铺客车、设有乘客站立区的客车，还应装备车内外视频监控录像系统；车内外视频监控录像系统摄像头的配备数量及拍摄方向应符合相关标准和管理规定，无遮挡
《专用校车安全技术条件》（GB 24407—2017）	5.15	专用校车应安装具有卫星定位功能并符合GB/T 19056规定的行驶记录仪；行驶记录仪的显示部分应易于观察，数据接口应便于移动存储介质的插拔

17 限速功能或限速装置

1 查验要求

对办理注册登记、转移登记、因质量问题更换整车、转入、变更迁出、变更使用性质、更换车身或者车架业务的专用校车，需查验是否具有限速功能或限速装置。

2 查验方法

查看《公告》、机动车整车出厂合格证明、安全技术检验合格证明等技术资料凭证,确认机动车是否具有限速功能或限速装置。

3 合格要点

要点一: 2013年5月1日起出厂的专用校车应安装限速装置。
要点二: 限速装置调定的最大车速不应大于80km/h。

4 标准依据

涉及限速功能或限速装置查验的标准依据见下表。

涉及限速功能或限速装置查验的标准

名称	章节	条款
《机动车查验工作规程》(GA 801—2019)	4.1.2 m)	对公路客车、旅游客车、校车和危险货物运输货车及车长大于9m的其他客车、车长大于或等于6m的旅居车,查验是否具有限速功能或装备限速装置,以及限速功能或限速装置调定的最大车速
	5.15a)	查看《公告》、机动车整车出厂合格证明、安全技术检验合格证明等技术资料凭证,确认机动车是否具有限速功能或限速装置
	附录A表A.1.24	限速功能或限速装置:2012年9月1日起出厂的公路客车、旅游客车、危险货物运输货车和车长大于9m的未设置乘客站立区的公共汽车,2018年1月1日起出厂的车长大于9m的其他客车,2019年1月1日起出厂的车长大于或等于6m的旅居车,应具有限速功能,否则应配备限速装置。限速功能或限速装置调定的最大车速对公路客车、旅游客车和车长大于9m的其他客车、车长大于或等于6m的旅居车不应大于100km/h;对危险货物运输货车不应大于80km/h。2013年5月1日起出厂的专用校车应安装限速装置,且限速装置调定的最大车速不应大于80km/h
《机动车运行安全技术条件》(GB 7258—2017)	10.5.1	车长大于或等于6m的客车应具有超速报警功能,当行驶速度超过允许的最大行驶速度(允许的最大行驶速度不应大于100km/h)时能通过视觉和声觉信号报警,但具有符合规定的限速功能或限速装置的除外
	10.5.3	专用校车应安装符合GB/T 24545要求的限速装置,且调定的最大车速不应大于80km/h
《专用校车安全技术条件》(GB 24407—2012)	5.6.1	专用校车应安装符合GB/T 24545规定的限速装置,出厂时调定的最高车速应不大于80 km/h

四、查验内容

18 辅助制动装置

1 查验要求

对办理注册登记、转移登记、因质量问题更换整车、转入、变更迁出、变更使用性质、更换车身或者车架业务的专用校车,需查验辅助制动装置。

2 查验方法

查看驾驶室(区)内的辅助制动装置操纵开关或车辆相关凭证和技术资料,确认机动车是否安装了辅助制动装置,详见下表。

辅助制动装置查验项目

名称	图标	辅助制动开关操作	排气辅助制动装置实物
辅助制动装置开关	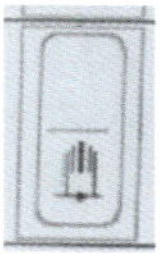 (黄色)	开关向下移:打开辅助制动 开关向上按:关闭辅助制动	 (位于发动机后面)
辅助制动操作装置		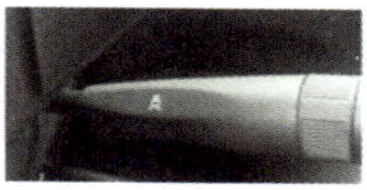 	

3 合格要点

要点一: 2013年5月1日起出厂的车长大于8m的专用校车,应装备缓速器或其他辅助制动装置。

要点二: 实车驾驶室(区)内具有辅助制动装置操纵开关、辅助制动指示灯;相关资料凭证标注该车安装了辅助制动装置。其中,常见的辅助制动装置指示灯和布置位置如下图所示。

辅助制动指示灯和操纵开关

4 标准依据

涉及辅助制动装置查验的标准依据见下表。

涉及辅助制动装置查验的标准

名　称	章节	条　款
《机动车查验工作规程》（GA 801—2019）	4.1.2 n）	对车长大于8m的专用校车和车长大于9m的其他客车、总质量大于或等于12000kg的货车和专项作业车、总质量大于3500kg的危险货物运输货车，查验辅助制动装置
	5.15 b）	查看驾驶室（区）内的辅助制动装置操纵开关或车辆相关凭证和技术资料，确认机动车是否安装了辅助制动装置
	附录A 表A.1.24	辅助制动装置：2013年5月1日起出厂的车长大于8m的专用校车，2012年9月1日起出厂的车长大于9m的其他客车、总质量大于或等于12000kg的货车、总质量大于3500kg的危险货物运输货车，以及2014年9月1日起出厂的总质量大于或等于12000kg的专项作业车，应装备缓速器或其他辅助制动装置
《机动车运行安全技术条件》（GB 7258—2017）	7.5.1	车长大于9m的客车（对专用校车为车长大于8m）、总质量大于或等于12000kg的货车和专项作业车，总质量大于3500kg的危险货物运输货车，应装备缓速器或其他辅助制动装置。车长大于9m的未设置乘客站立区的客车、总质量大于3500kg的危险货物运输货车、半挂牵引车装备的辅助制动装置的性能要求应使汽车能通过GB 12676规定的ⅡA型试验
	7.5.2	装备电涡流缓速器的汽车，电涡流缓速器的安装部位应设置温度报警系统或自动灭火装置
《专用校车安全技术条件》（GB 24407—2012）	5.5.3	长度大于8m的专用校车应安装缓速器或其他辅助制动装置，辅助制动装置性能应符合GB 12676规定的ⅡA型试验要求

19 盘式制动器

1 查验要求

对办理注册登记、转移登记、因质量问题更换整车、转入、变更迁出、变更使用性质、更换车身或者车架业务的专用校车,需查验盘式制动器。

2 查验方法

实车查看车轮(因实车结构限制无法查看时只查看车辆相关凭证和技术资料),确认是否安装了盘式制动器。

3 合格判定

2013年5月1日起出厂的专用校车的前轮已安装盘式制动器。

a) 通过轮圈孔观察盘式制动器

b) 通过车架内侧观察盘式制动器

4 标准依据

涉及盘式制动器查验的标准依据见下表。

涉及盘式制动器查验的标准依据

名 称	章节	条 款
《机动车查验工作规程》（GA 801—2019）	4.1.2 n）	对专用校车、车长大于9m的其他客车和所有危险货物运输货车的前轮，以及危险货物运输半挂车、三轴的栏板式和仓栅式半挂车的所有车轮，查验是否装备了盘式制动器
	5.15 c）	实车查看车轮（因实车结构限制无法查看时只查看车辆相关凭证和技术资料），确认是否安装了盘式制动器
	附录A 表A.1.24	盘式制动器：2013年5月1日起出厂的专用校车，2012年9月1日起出厂的车长大于9m的其他客车（未设置乘客站立区的公共汽车除外）和所有危险货物运输货车，以及2013年9月1日起出厂的车长大于9m的未设置乘客站立区的公共汽车，其前轮应装备盘式制动器。2019年1月1日起出厂的危险货物运输半挂车及2020年1月1日起出厂的三轴栏板式和仓栅式半挂车，其所有车轮均应装备盘式制动器
《机动车运行安全技术条件》（GB 7258—2017）	7.2.6	汽车（三轮汽车除外）、摩托车（边三轮摩托车除外）、挂车（总质量不大于750kg的挂车除外）的所有车轮应装备制动器。其中，所有专用校车和危险货物运输货车的前轮和车长大于9m的其他客车的前轮，以及危险货物运输半挂车、三轴的栏板式和仓栅式半挂车的所有车轮，应装备盘式制动器
《专用校车安全技术条件》（GB 24407—2012）	5.5.2	前轮应安装盘式制动器

5 知识拓展

盘式制动器结构示意图如下：

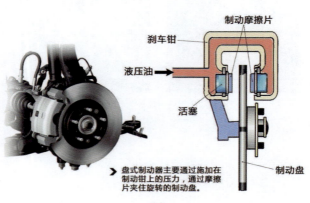

⑳ 防抱制动装置

1 查验要求

对办理注册登记、转移登记、因质量问题更换整车、转入、变更迁出、变更使用性质、更换车身或者车架业务的专用校车,需查验防抱制动装置。

2 查验方法

打开车辆电源,观察"ABS"指示灯并判断ABS自检功能是否正常。

3 合格要点

已按规定安装防抱制动装置,且ABS自检功能正常。

驾驶室内仪表盘ABS自检指示灯

4 标准依据

涉及防抱制动装置查验的标准依据见下表。

涉及防抱制动装置查验的标准

名称	章节	条款
《机动车查验工作规程》（GA 801—2019）	4.1.2 o）	对客车、货车（三轮汽车除外）、专项作业车（五轴及五轴以上专项作业车除外）、发动机中置的乘用车及总质量大于3500kg的挂车，查验防抱制动装置
	5.15 d）	打开机动车电源，观察"ABS"指示灯并判断ABS自检功能是否正常
	附录A 表A.1.24	防抱制动装置：半挂牵引车，总质量大于10000kg的挂车，专用校车，车长大于9m的公路客车和旅游客车，2012年9月1日起出厂的所有危险货物运输货车和2013年9月1日起出厂的车长大于9m的未设置乘客站立区的公共汽车，2014年9月1日起出厂的总质量大于或等于12000kg的货车和专项作业车（五轴及五轴以上专项作业车除外），2015年7月1日起出厂的发动机中置的乘用车，2018年1月1日起出厂的其他客车、乘用车、总质量大于3500kg且小于12000kg的货车和专项作业车、总质量大于3500kg且小于或等于10000kg的挂车，以及2019年1月1日起出厂的总质量小于或等于3500kg的货车和专项作业车，均应安装符合规定的防抱制动装置，且防抱制动装置的自检功能应正常
《机动车运行安全技术条件》（GB 7258—2017）	7.2.12	所有汽车（三轮汽车、五轴及五轴以上专项作业车除外）及总质量大于3500kg的挂车应装备符合规定的防抱制动装置
	7.9.4	安装具有防抱制动装置的汽车，当防抱制动装置失效时，报警装置应能连续向驾驶人发出容易听到或看到的报警信号
《专用校车安全技术条件》（GB 24407—2012）	5.5.1	专用校车应安装符合GB/T 13594规定的防抱制动装置

21 发动机舱自动灭火装置

1 查验要求

对办理注册登记、转移登记、因质量问题更换整车、转入、变更迁出、变更使用性质、更换车身或者车架业务的专用校车，需查验发动机舱自动灭火装置。

2 查验方法

打开发动机盖并目视检查，确认专用校车是否按照规定安装了发动机舱自动灭火装置。

3 合格要点

对2013年5月1日起出厂的专用校车，确认已按规定安装发动机舱自动灭火装置。

4 标准依据

涉及发动机舱自动灭火装置查验的标准依据见下表。

涉及发动机舱自动灭火装置查验的标准

名　　称	章节	条　款
《机动车查验工作规程》（GA 801—2019）	4.1.2 p)	对客车（纯电动客车、燃料电池客车除外），查验发动机舱自动灭火装置
	5.15 e)	打开发动机舱盖并目视检查，确认客车是否按照规定安装了发动机舱自动灭火装置
	附录A 表A.1.24	发动机舱自动灭火装置（不适用于纯电动客车、燃料电池客车）：2013年5月1日起出厂的专用校车，2013年3月1日起出厂的发动机后置的客车，2018年1月1日起出厂的其他客车（对发动机前置且位于前风挡玻璃之后的B级客车为2019年1月1日起出厂），应装备发动机舱自动灭火装置。注：B级客车是指可载乘员数（不包括驾驶人）不多于22人且不允许乘员站立的客车
《机动车运行安全技术条件》（GB 7258—2017）	12.10.2	客车的灭火装备配置应符合GB 34655的规定
客车灭火装备配置要求（GB 34655—2017）	4.3.2.1	车辆应在发动机舱配置灭火装置
	4.3.3.1	安装在发动机舱内的灭火装置，灭火器喷射范围应能保护发动机舱内至少两处具有火隐患的位置（优先按增压器、发电机、高压燃油泵及油管、排气管的顺序

续上表

名　　称	章节	条　　款
《专用校车安全技术条件》（GB 24407—2012）	5.12.5.3	发动机舱应安装自动灭火装置，其灭火剂喷射范围应包括发动机舱至少两处具有着火隐患的热源(如增压器、排气管等)，启动工作时应能通过视觉或声觉信号向驾驶员报警

22 急救箱

1 查验要求

对办理注册登记、转移登记、因质量问题更换整车、转入、变更迁出、申请校车使用许可业务的专用校车，需查验急救箱。

2 查验方法

实车查看，确认是否设置了急救箱。

3 合格要点

目前相关标准和管理规定尚无校车急救箱中具体应配备药物的类型和数量要求，查验时仅需确认校车是否设置急救箱即可，设置位置见下图。

4 标准依据

涉及急救箱查验的标准依据见下表。

四、查验内容

涉及急救箱查验的标准依据

名称	章节	条款
《机动车查验工作规程》（GA 801—2019）	4.1.21)	对专用校车，查验车身外观标识、校车标志灯和停车指示标志（停车指示牌）、具有行驶记录功能的卫星定位装置、干粉灭火器、急救箱和车内外录像监控系统、辅助倒车装置、学生座椅（位）和照管人员座椅（位）、汽车安全带、应急出口和应急锤（逃生锤）
	4.3.4	教育行政部门征求申请校车使用许可审查意见阶段查验机动车时，应查验车辆识别代号、车辆号牌、校车标志灯和停车指示标志、具有行驶记录功能的卫星定位装置、应急锤、干粉灭火器、急救箱和安全技术检验合格证明；对专用校车和喷涂粘贴有专用校车车身外观标识的非专用校车，还应查验车身外观标识、照管人员座椅和汽车安全带；对专用校车，还应查验车内外录像监控系统、辅助倒车装置；对非专用校车，应分别核定乘坐幼儿、小学生、中小学生和初中生时的学生数和成人数
	附录A 表A.1.23	校车应按照GB 24407—2012及其他相关规定配备校车标志灯、停车指示标志，配备具有行驶记录功能的卫星定位装置、应急锤、干粉灭火器、急救箱等安全设备，设置照管人员座椅（座位）。 专用校车应喷涂粘贴符合GB 24315规定的专用校车车身外观标识，每一个座椅（包括驾驶人座椅、照管人员座椅和学生座椅）均应安装汽车安全带，照管人员座椅的数量和位置应符合GB 24407—2012的5.10.5.1.2.1规定，每一个照管人员座椅均应有明显标识。2013年5月1日起出厂的所有专用校车，还应安装车内外录像监控系统和辅助倒车装置。 非专用校车如喷涂粘贴有专用校车车身外观标识，车身外观标识应符合GB 24315关于专用校车车身外观标识的规定，每一个学生座椅应安装汽车安全带
《机动车运行安全技术条件》（GB 7258—2017）	12.15.5	校车应配备急救箱，急救箱应放置在便于取用的位置并确保有效适用
《专用校车安全技术条件》（GB 24407—2012）	5.10.5.5	专用校车内应设计至少一个急救箱的安装位置和安装支架。急救箱外形尺寸不小于 240 mm×200 mm×200 mm，其安装位置处应清晰标示"急救箱"或国际通用符号，安装支架应保证医药箱安装牢固，且便于取用。安装支架上不应存在可能使人致伤的尖角、锐边、毛刺

专用校车查验辅助手册

23 车内外录像监控系统

1 查验要求

对办理注册登记、转移登记、因质量问题更换整车、转入、变更迁出、申请校车使用许可业务的专用校车,需查验车内外录像监控系统。

2 查验方法

实车查看,确认车内外录像监控系统能否正常使用。

3 合格要点

要点一: 2013年5月1日起出厂的所有专用校车已安装车内和车外录像监控系统。

要点二: 车内监控系统应能监控到驾驶员行为和车内通道的状况;车外监控系统应能监控到车辆前方和乘客门外的状况。

四、查验内容

4 标准依据

涉及车内外录像监控系统查验的标准依据见下表。

涉及车内外录像监控系统查验的标准

名　　称	章节	条　　款
《机动车查验工作规程》（GA 801—2019）	4.1.21）	对专用校车，查验车身外观标识、校车标志灯和停车指示标志（停车指示牌）、具有行驶记录功能的卫星定位装置、干粉灭火器、急救箱和车内外录像监控系统、辅助倒车装置、学生座椅（位）和照管人员座椅（位）、汽车安全带、应急出口和应急锤（逃生锤）
	附录A 表A.1.23	2013年5月1日起出厂的所有专用校车，还应安装车内外录像监控系统和辅助倒车装置
《机动车运行安全技术条件》（GB 7258—2017）	8.6.5	专用校车和卧铺客车、设有乘客站立区的客车，还应装备车内外视频监控录像系统；车内外视频监控录像系统摄像头的配备数量及拍摄方向应符合相关标准和管理规定，无遮挡
《专用校车安全技术条件》（GB 24407—2012）	5.15	专用校车应安装车内和车外录像监控系统。车内监控系统应能监控到驾驶员行为和车内通道的状况；车外监控系统应能监控到车辆前方和乘客门外的状况

24 辅助倒车装置

1 查验要求

对办理注册登记、转移登记、因质量问题更换整车、转入、变更迁出、申请校车使用许可业务的专用校车，需查验辅助倒车装置。

2 查验方法

实车查看，确认辅助倒车装置能否正常使用。

3 合格要点

要点一： 2013年5月1日起出厂的所有专用校车应安装后视系统，以保证驾驶员在正常驾驶状态下能看清后风窗玻璃后缘正下方地面上长3.6m、宽2.5m范围内的情况。

要点二： 专用校车应有倒车语音提示系统。

4 标准依据

涉及辅助倒车装置查验的标准依据见下表。

涉及辅助倒车装置查验的标准

名 称	章节	条 款
《机动车查验工作规程》（GA 801—2019）	4.1.21）	对专用校车，查验车身外观标识、校车标志灯和停车指示标志（停车指示牌）、具有行驶记录功能的卫星定位装置、干粉灭火器、急救箱和车内外录像监控系统、辅助倒车装置、学生座椅（位）和照管人员座椅（位）、汽车安全带、应急出口和应急锤（逃生锤）
	附录A表A.1.23	校车应按照GB 24407—2012及其他相关规定配备校车标志灯、停车指示标志，配备具有行驶记录功能的卫星定位装置、应急锤、干粉灭火器、急救箱等安全设备，设置照管人员座椅（座位）。 专用校车应喷涂粘贴符合GB 24315规定的专用校车车身外观标识，每一个座椅（包括驾驶人座椅、照管人员座椅和学生座椅）均应安装汽车安全带，照管人员座椅的数量和位置应符合GB 24407—2012的5.10.5.1.2.1规定，每一个照管人员座椅均应有明显标识。2013年5月1日起出厂的所有专用校车，还应安装车内外录像监控系统和辅助倒车装置
《专用校车安全技术条件》（GB 24407—2012）	5.11.3	专用校车应有倒车语音提示系统
	5.13.2	专用校车应安装后视系统，以保证驾驶员在正常驾驶状态下能看清后风窗玻璃后缘正下方地面上长3.6 m、宽2.5 m范围内的情况

· 78 ·